민족분쟁지도

아사이 노부오 지음
윤길순 옮김

자작나무

Nobuo Asai ATLAS OF THE WORLD'S RACES
Copyright ⓒ 1993 by Nobuo Asai
Originally published in Japan by Shinchosha, Tokyo
This Korean edition published 1996 by Chajaknamu Publishers
through Orion Literary Agency & Bookpost Agency, Seoul

이 책의 한국어판 저작권은 Orion Literary Agency와 Bookpost Agency를 통한
아사이 노부오와의 독점출판계약으로 자작나무에 있습니다.
저작권법에 의해 한국내에서 보호를 받는 저작물이므로
법에서 정한 예외 이외의 무단전제와 무단복제, 광전자매체 수록 등을 금합니다.

민족분쟁지도

지은이 · 아사이 노부오
옮긴이 · 윤길순
초판인쇄일 · 1996년 10월 25일
초판발행일 · 1996년 10월 30일
펴낸곳 · 도서출판 자작나무
펴낸이 · 송인석
주소 · 서울시 마포구 용강동 494-14
전화 · 711-7821~2, 713-9399, 324-5477
팩스 · 711-7823
등록 · 제10-713호(1992. 7. 7)
ISBN 89-7676-805-1

값 6,500원

* 잘못된 책은 바꾸어 드립니다.

민족분쟁지도

■ 머리말

'민족'을 정의하는 데 따르는 어려움

정의할 수 없는 민족의 개념

　민족에 대하여 생각하거나 논의할 때면 언제나 '산소 부족 상태에서 돌아다닐 때와 같은 숨가쁨'을 느낀다. 어쩐지 어설프고 한 마디로 명확하게 정의할 수 없는 그런 불만도 있다.
　그 원인은 분명하다. 민족 자체가 정확하게 포착할 수 없는 존재이기 때문이다.
　요즈음은 많은 사람들이 민족 분쟁에 대하여 이야기한다. 민족 분쟁에 의해 냉전 붕괴 후의 세계는 새로운 질서로 향해가고 있지 않은가, 혼란 내지는 혼돈 속으로 빠져들고 있지 않은가 하는 탄식의 소리도 들린다. 그러나 그 민족이란 것이 무엇인가를 물으면, 이해하기 쉽고 정확하게 설명할 수 있는 사람은 없는 것 같다.
　'민족 연구자들은 제각기 민족에 대해 독자적인 정의를 내리고 있다'고 한다. 따라서 민족의 수에 대해서도 5천이라는 사람, 6천이라는 사람, 혹은 1만 이상이라는 사람 등 제각각이다. 온통 제멋대로 내린 정의에 따라, 제멋대로 정한 기준에 따라 계산하기 때문이다. '민족의 정의' 따위는 없는 거나 마찬가지며, 존재하는 것은 '민족은 정의할 수 없는 개념'이라는 것뿐이라고 말해야 할 것이다.

이 책에서는 세계의 이런저런 민족들과 민족들끼리의 분쟁에 대하여 쓰려고 했다. 그 내용은 신조사(新潮社)에서 발행하는 월간 정치·경제 정보지 ≪포어사이트(Foresight)≫에 1990년 3월호부터 1992년 8월호까지 2년 반에 걸쳐서 연재한 것이다. 나는 연재를 하는 동안 줄곧 '민족이란 무엇인가'라는 기본적인 의문을 갖고 있었으며, 따라서 모든 출발점을 애매모호하게 한 채로 항상 해명하지 못하고 지나왔다는 것을 솔직히 고백하지 않을 수 없다.

민족을 정의하려는 시도는 지금까지도 줄곧 있어 왔으나 결정적인 정의 방법은 아직 확립되어 있지 않다. 민족 집단을 구성하는 데 필요한 요소로서 몇 가지가 거론된다.

예를 들면 언어, 종교, 혈연, 문화 등이 같아야 한다는 것이다. 이것은 민족에 대해서 누구나 떠올리는 요소다. 이밖에 다른 요소가 있을 수 있을 것이다.

그러나 이러한 모든 요소를 완전히 똑같이 공유하고 있는 일은 있을 수 없으며, 그 공유의 실체를 객관적으로 확인하는 것도 현실적으로 불가능하다. 그렇다면 몇 가지 요소를 어떻게 공유하면 민족이라고 부를 수 있을 것인가 하는 논의를 시작하려면, 사막에서 신기루를 쫓는 것과 같이 아무리 해도 결론이 나지 않을 것 같은 기분이 든다.

언어를 통한 접근 방법

 신기루를 쫓는 논의를 까다롭게 전개하는 연구자가 없는 것은 아니지만, 결국 정리되고 체계화되어 있지는 않다. 어쩌면 이러한 시도는 정리라든가 체계화 같은 작업을 하려면 어쩔 수 없이 전제되어야 할 일인지도 모른다. 그러나 그러한 논의를 들어도 많은 사람들에게는 도대체 종잡을 수 없어 현실을 이해하는 데는 아무런 역할도 하지 못하지 않나 생각된다.
 앞에서 여러 가지 민족을 구성하는 요소가 실로 애매모호하여 실증적인 기준이 될 수 있을까 하는 의문이 여전히 남기 때문이다. 무엇보다도 문화의 공유성이라는 것이 얼마나 주관적인가는 굳이 말할 필요도 없다.
 언어가 유력한 기준이 될 수는 있겠지만, 방언화가 엄청나게 진행되어 방언 A와 방언 B 사이에 의사 소통이 곤란해진 경우도 드물지 않다. 그렇더라도 원래의 언어를 공통적으로 가지고 있다면 같은 민족으로 분류되는 것이 통상적이다.
 예를 들면 중국의 커지아어〔客家語〕는 주변의 한어〔漢語〕 방언과 완전히 다르지만 고대 한어에서 그 원류를 찾을 수 있기 때문에, 커지아도 한족으로 분류된다는 것을 이 책에서도 설명하고 있다. 그러나 커지아 사람들 중에는 한족 의식이 희박한 사람도 아주 많다고 한다.
 공통의 언어가 소위 '독자적인 민족성'을 강화하기 때문에 캐나다의 퀘벡 주 주민들은 굳이 프랑스어를 고집하며, 중동의 쿠르드족을 억압하고자 한 국가 지도자는 쿠르드어의 사용을 규제했다. 나세르가 카이로 방송국에서 아랍 세계 전역을 향하여 아랍어의 이집트 방언으로 연설했던 것은 아랍 민족주의를 고양하기 위해서였다.

그렇다면 거꾸로 한 언어가 다수의 방언으로 분화한 사실은 하나의 민족이 복수의 민족으로 나누어진 과정이라고도 말할 수 있을 것이다. 그리고 그 방언과 원래의 언어 사이의 관련이 완전히 불분명해졌을 때, 그것은 원래의 민족과는 다른 민족의 탄생을 촉진하는 한 요소가 될 수도 있을 것이다.

언어에 대해서 말하면, 요즘은 두 가지 언어를 사용하는 사람도 증가하는 추세이다. 인도에서 태어나 영국으로 이주하여 소설 ≪악마의 시≫를 영어로 쓴 살만 루시디가 그 예이다. 근래에는 문화적 배경에서도 두 가지 이상의 다민족성이 인정되는 예도 눈에 띈다.

종교 그리고 혈연

종교에 대해서 말하면, 같은 종교를 갖고 있으면서도 민족이 다른 예는 얼마든지 있다. 종교가 국민이나 민족을 초월하여 포교되었음은 말할 필요도 없다. 같은 신앙을 가진 같은 민족이었다 하더라도, 어느 한 쪽이 개종하여 다른 민족이 되는 일도 있을 수 있다.

또한 개종은 몇 번이라도 일어날 수 있다. 그때마다 민족이 변한다면, 우리는 민족을 무엇보다도 역동적인 것으로서 이해해야 할 것이다.

도대체 누가 어떤 종교를 믿고 있는가를 객관적으로 실증할 수 있을 것인가? 이슬람 시아파에서는 생명과 재산의 안전을 위하여 신앙을 숨기는 것조차 정당화하는 '타키야'의 관습이 있을 정도다.

그렇다면 혈연이야말로 움직일 수 없는 확고한 기준이 될 수도 있을 것이다. 그러나 이민족끼리 피를 섞은 경우, 즉 혼혈한 경우, 어느 쪽의 피가 더 우선시되어야 하는가를 납득시킬 수 있는 기준 같은 것은 있을 수 없다. 혈연은 외견상의 피부색으로 나타날 때도 있지만, 피부색이 같은 이민족도 또한 흔하다.

미국에 같은 백인인 연인이 있었다. 그녀를 따라 그는 그녀의 부친을 처음으로 만나러 갔다. 그런데 의외로 그녀의 아버지는 흑인이고 어머니는 백인이었다. 아버지를 소개받은 그의 마음은 동요하였고, 그녀는 순간 그가 동요하고 있음을 놓치지 않는다. 그리고 그들의 관계는 파국을 향해 나아갔다.

이것은 물론 소설속의 이야기이지만, 이와 비슷한 이야기는 실제로 아주 많다.

이 연인들 사이에는 원래 '가상의' 동족의식, 즉 공통의 정체성이 존재하고 있었지만, 그녀의 부친의 피가 판명되자 그것이 현실의 두 가지 다른 민족의식으로 전환되었다고 말할 수도 있다. 우리는 거기서 민족의 가상성을 볼 수 있다.

자신과 남을 구별하는 것

　민족의식은 '남'과의 차이를 인식함으로써 그 싹이 튼다. '남'과의 차이를 인식하는 데 머물지 않고 그것이 대결하는 관계가 되면, 민족의식은 훨씬 강화된다. 유태 국가인 이스라엘과의 투쟁을 통하여 팔레스타인인이 민족적 정체성을 강화하고 있는 것이 그 전형적인 예라고 할 수 있을 것이다.
　어쨌거나 '남'과의 차이를 느끼지 않는다면, 민족의식은 존재하지 않든가 아니면 기껏해야 잠재해 있을 뿐이다. 이민족의 관계라도 그러한 차이를 느끼지 않는다면, 같은 민족에 속하는 것으로 이해할 수 있을 것인가 하는 것에 관심조차 없을 것이다. 그렇기 때문에 '민족이란 원래부터 존재하는 것이 아니라 후천적인 인식'이라거나 '민족은 관념의 산물이다'라는 말까지 나오는 것이다.
　이민족을 의식하는 첫걸음은 '차이'에 대한 인식이며, 같은 민족이라는 의식을 갖게 되는 첫걸음은 '같다'라는 실감이다. 민족집단의 충분조건이라고는 할 수 없더라도 절대 불가결한 필요조건의 하나는 '속마음을 아는 관계'가 아닐까 생각한다.
　정계의 파벌, 동창회, 향우회와 같은 경우에서 볼 수 있듯이, 인간은 걸핏하면 집단을 만들어낸다. 그 집단 속에서는 다른 집단에서는 체험할 수 없는 '서로 속속들이 아는 관계'가 존재한다. 그리고 그것은 누구에게나 기분 좋은 것이다.

정치파벌은 아무래도 이해지향적이기 때문에 약간 다르겠지만, 이해관계가 적을수록 서로 기분이 좋다. 이러한 집단이 다른 요소까지 더해져 민족으로 발전할 가능성과 과정을 논한다는 것은 비약이겠지만, 적어도 그렇게 '서로 기분이 좋은 것'을 느끼는 것이야말로 민족집단을 이루는 결정적으로 중요한 조건이라는 것은 거의 단정할 수 있다. 그리고 그 민족집단 내부가 쾌적하면 할수록 '남'과의 차이가 선명하게 떠오르고, 이것이 나아가 '남'을 배격하고 마찰을 일으켜 항쟁으로 발전하는 일도 있을 수 있다.

애매모호한 집단이기는 하지만 무엇을 주된 기반으로 삼는가에 따라 아주 습관적으로 민족이라고 불리는 집단에도 다양성이 있다. 게르만, 중국, 한국 등에서는 혈연적인 유대가 짙다고 생각된다. 유태인은 종교가 그 유대를 이루는 기반이다.

구(舊)유고의 보스니아 헤르체고비나에서는 종교의 이름을 그대로 민족의 이름처럼 사용하여, 이슬람족이라든가 무슬림족이라고도 불렀을 정도다. 아랍은 아랍어에 의해 맺어진 유대가 강하다고 생각된다. 이렇듯 다양한 집단을 모두 민족이라는 한 마디로 규정해버려도 좋은 것인가 하는 논의도 있을 수 있다.

이스라엘의 사례 연구

나는 앞에서 '민족은 정의할 수 없다'고 했다. 그런데 어떻게 해서라도 민족을 정의하지 않고는 국가를 이룰 수 없는 사태에 봉착했던 경우가 있었다. 바로 이슬라엘이다.

이스라엘은 '유태 국가'를 전제로 하여 건국되었기 때문에, 전세계에서 유태인들을 불러모으면서 그들을 선별할 필요가 생겼고, 여기서 '유태인이란 누구인가'라는 기준을 세우지 않으면 안 되었기 때문이다.

국가를 이루는 기본 요소의 하나는 국민인데, 불안정한 이스라엘로의 이주에 두 발을 내디딘 유태인이 있는가 하면, 일단 이스라엘에 갔다가도 거기서 안주하지 못하고 또 다시 다른 곳으로 이주하는 유태인도 있다. 국민을 확보하기 위하여 유태인으로서 내력이 확실하지 않은 사람을 받아들이기도 했다. 그렇게 해서는 머지 않아 국가로서의 순수성을 유지하기 어려워진다.

그리하여 이스라엘 정부는 먼저 어떤 인물에 대하여 본인이 유태인으로 신고하든가 또는 그의 양친이 신고하면 그 사람을 유태인으로서 인정하기로 했다. 곧 신고제도였던 셈이다.

그렇다면 유태인 부모에게서 태어난 유태인이 다른 종교로 개종한다면 이제 그는 더이상 유태인이 아니지 않은가? 또한 유태인과 비유태인 부모에게서 태어난 자식들은 어째서 유태인이 아닌가? 만약 부모 가운데 한쪽만이 유태인이면 된다는 조건으로 그 자식들을 유태인으로 인정하기로 한다면, 부모 중 어머니 쪽이어야 하는가, 아버지 쪽이어야 하는가? 아니면 어느 쪽이든 상관이 없는 것인가?

부모가 둘다 유태인이 아니라 하더라도 그 자식들이 유

태교로 개종했다면 유태인으로 보아도 좋은가? 본인이나 부모가 모두 유태교도라고 신고를 하였지만, 일상적으로 유태교의 계율을 지키지 않는 경우에도 유태인으로 인정할 수 있을 것인가? 그러한 의문 내지는 문제점이 실제로 속출하였다. 이것은 유태인이라는 신기루를 찾아 사막 끝까지 헤매다니는 것과 같은 끝이 없는 논의다.

이것은 학문적으로 정의를 내리는 작업이 현실에서는 아무런 의미도 갖지 못한 한 예이며, 결국은 일찍이 스탈린이 그랬던 것처럼 '정치적인 편의에 따라' 결단할 수밖에 없었을 것이다.

그래서 '유태인 귀환법'이 제정되었고, 그 가운데 유태인에 대한 정의가 내려졌다. 유태인이란 '유태인 어머니에게서 태어난 자, 유태교로 개종한 자 그리고 다른 종교의 신자가 아닌 자'로 규정된다.

이것으로 매듭이 지어졌느냐 하면 전혀 그렇지가 않다. 이것은 새로운 논의의 출발점에 지나지 않았다. '유태교로 개종한 자'라고 했지만, 유태교에는 종파가 있고 따라서 어느 종파로 개종하는가가 문제되었다. 유태의 순수성 보존을 최고의 원칙으로 고집하는 마후다르(국가종교당)는 개종 의식은 유태교 정통파에 따라 행해져야 하며, 유태교 개혁파나 유태교 보수파에 의한 것은 인정하지 않는다고 주장했다.

오랜 격론 끝에 1986년 이스라엘 내무부도 마침내 이 입장에 동조하여, 유태교로 개종한 이민들에 대하여 '정통파 유태교로 개종했다'라는 도장이 찍힌 신분증명서의 제출을 지시하였다. 그러나 현실적으로는 종파간의 알력도 있고 거기에 정치가 뒤얽혀 있어, 결정된 것이라고는 거의 없다고 한다.

또한 '유태인 어머니에게서 태어난 사람'이라고 하지만, 그것을 어떻게 실증할 수 있을 것인가? 냉전 붕괴 후 소련이 혼란에 빠진 와중에 박해가 두려웠던 많은 유태인들이 무더기로 이스라엘로 이민을 왔는데, 어머니가 유태인이라는 것을 증명하기 위하여 어머니도 같이 이민을 오게 해야 하는가 나아가 할머니까지 동행하도록 요구해야 하는가 하는 논의도 분분했다.

분열과 통합 — 구소련, 구유고, EC, 아랍

민족을 객관적으로 정의하는 것이 불가능하듯이, 마찬가지로 정치적으로 민족의 조건을 설정하는 것 또한 불모에 가까운 작업이다. 그럼에도 불구하고 여기 저기서 벌어지고 있는 민족 분쟁에 대하여 우리들은 지나치게 스스럼없이 이야기하곤 한다.

민족과 부족에 대해서는 그 차이를 자세하게 논하기보다는 같은 차원에서 다루는 쪽이 오히려 실정에 가깝다는 주장은 근래 많은 인류학자들이 주장하고 있는 바다. 그럼 민족과 국민, 국경을 둘러싼 논의는 어떻게 되는가?

앞에서 민족의 수가 1만 이상이라고 주장하는 설이 있다고 했는데, 국가의 수는 국제연합 가맹국이 약 180개 국이다. 여기에는 독립을 선언하고 가맹이 인정된 나라도 있지만, 보스니아 헤르체고비나처럼 국제연합의 가맹은 고사하고 실제로는 독립조차 달성하지 못한 나라도 있다.

만약에 이 숫자를 토대로 한다면, 어느 국가나 다 복수의 민족을 포함하고 있거나 아니면 오히려 어떤 국가에나 다수의 민족이 공생하고 있는 것이 국가의 일반적인 모습이라고 말할 수 있을 것이다. 마치 다가구 주택의 각 가정마다 복수의 민족이 나누어 살고 있다고 하는 것과 비슷한데, 어떤 민족이든 '속마음을 아는' 사람들만이 한 가정을 이루어 살고 있다고 말하기 시작할 때, 민족 분쟁이 싹트는 것이다.

복수민족국가가 분열하여 거의 민족 단위의 국가로 분산한 예가 구소련이고, 민족 단위로 분산된 나머지 혼란에 빠진 예가 구유고이다.

민족 단위로 분산하여 한 가정을 이루었지만, 경제적으로 자신이 없고 또한 경비도 불안한 나라는 원래의 다가구 주택과의 관계를 유지한다. 그것이 러시아를 사실상의 중심으로 하는 독립국가연합(CIS)이다.

지금까지 민족 단위의 독립 주택에서 살고 있었지만, 아무래도 경제적으로 어려움이 있어 한층 효율적으로 살기 위해 한데 모여 살려고 하고 있는 것이 유럽공동체(EC)의 통합이다. 이러한 이합집산을 결정짓는 조건은 경제적으로 그리고 안전보장상 살아나갈 수 있는가 아닌가이다.

분산했다가 모여들고, 즉 이합집산을 반복하는 것이 아랍 세계일 것이다. 걸프전쟁을 계기로 아랍 각국은 범아랍으로서의 단결보다는 각국의 국익을 우선시하는 방향으로 나아가고 있다는 논의가 나오고 있지만, 그 정도로 직선적으로 나아가고 있다고는 생각되지 않는다.

제2차 세계대전 후 아랍 민족주의를 주도했던 나세르의 이집트가 1967년의 제3차 중동전쟁에서 이스라엘에 참패했을 때, 범아랍주의의 죽음이 최초로 거론되었다. 죽은 나세르를 계승한 사다트가 1979년 이스라엘과 단독 평화를 결성했을 때, 국가 이익주의의 흐름은 더욱 가속화되었다.

그러나 1980년대에 아랍에 위협적인 세력으로서 이란이 대두하면서 다시 범아랍주의가 되살아났다. 1991년의 걸프전쟁에 의한 아랍 세계의 분열은 일시적으로 반목의 골을 깊게 했지만, 한편으로 이슬람의 원리원칙을 고수하는 정치세력의 대두를 재촉했으며, 다른 한편으로 그것을 염려하여 범아랍주의에 대응하는 움직임도 태동하도록 만들었다. 이러한 상황에 비추어볼 때 아직도 이합집산을 반복하는 과정이라고 보는 편이 훨씬 실정에 맞을 것이다.

인권옹호를 기치로

마지막으로 소위 민족 분쟁에 대한 대응을 살펴보자. 어떤 한 나라의 내부에서 민족 분쟁이 일어나 그것이 악화된다 할지라도, 원칙적으로 그것은 그 나라의 국가 주권의 범위 안에서의 문제다. 그러나 혼란이 국경을 넘어 확산되어 다른 나라에 위협을 줄 때는 외부 세력이 거기에 개입할 수 있는 권리가 있다는 논의가 유럽에서 활발하게 일어나고 있다.

한 나라의 내정이 다른 나라에 위협이나 불이익을 가져다 주는 것은 전혀 새로운 현상이 아니며, 오히려 내정이 국제관계에 영향을 주는 것을 상식이라고 할 것이다. 문제는 구유고나 소말리아, 이라크 등 중소 국가에 대한 개입은 가능하지만, 대국에 대해서는 누가 어떻게 개입할 수 있을 것인가 하는 것이다. 그 기준을 공평하게 설정할 수 없다면, 보편적인 법칙이란 있을 수 없다.

다른 나라에 대한 위협과는 별개로 인권이나 인도주의를 근거로 한 개입도 자주 일어난다. 이라크의 북부 쿠르드 지구나 남부의 이슬람 시아파 지구 그리고 소말리아, 보스니아 헤르체고비나에 대한 개입은 모두 인권을 기치로 내걸고 있다.

그렇다면 역시 서방측이 인권 무시라고 비난했던 천안문 사태 이후의 중국이나 미얀마의 군사정권 등에 개입하려는 목소리가 나오지 않는 것은 이중 기준이 될 수 있을 것이다.

개입하기 곤란하거나 그에 따른 위험이 큰 나라에 대해서 개입을 보류하는 것은 이해할 수 없는 것도 아니지만, 개입 대상국을 선별하는 과정에서 국익 추구를 위해 인도(人道)니 인권이니 하는 것을 핑계 삼아 이용하려는 타산이 섞이게 된다.

미국의 소말리아 파병은 인도적 차원이라는 명목으로 실시되었으며, 1993년 1월 20일까지 2만여의 미군을 철수시키겠다고 공약하였다. 그러나 식량 수송 루트를 개척한 미군은 이번에는 현지 세력의 무장 해제에 착수하였고, 나아가 새로운 정부 수립으로의 관여까지 논의되고 있으며, 미군 주둔은 1년 이상으로 장기화되리라는 관측도 나오고 있다.

이쯤 되면 미국의 진짜 의도가 무엇인가 하는 추측이 나오기 시작한다. 소말리아에는 미국계 회사 네 개가 석유 시추중에 있으며, 따라서 미국의 파병에는 석유에 대한 어떤 의도도 있지 않은가 하고 이집트의 저명한 저널리스트 모하메트 헤이칼은 의혹을 제기한 바 있다.

민족 분쟁의 비극에 대한 인도적 구제는 반드시 필요하지만 그러한 미명 아래 도사리고 있는 검은 의도, 곧 이익을 위한 의도를 간과한 논의는 새로운 분쟁의 불씨를 낳을 뿐이다.

'민족'을 이해하기 위한 실마리

서둘러 결론을 내리면, 단지 하나의 보편적인 원칙을 가지고 지구상에서 일어나고 있는 모든 분쟁에 대응할 수 있을 정도로 현실의 세계는 그렇게 단순하지 않다는 것이다. 인도적인 개입의 기준을 만들려는 논의를 심화시키겠다는 구호만으로는 거기에서 한 발짝도 더 나아갈 수 없다는 것은 당연하다.

이 책에서는 민족에 관한 여러 가지 측면을 논의하고 있다. 그러나 결코 체계적이라거나 이론적이라고는 할 수 없으며 그렇게 하려고 하지도 않았다. 그 점에 대해서만은 어떠한 비판도 감수하지 않을 수 없다.

다만 일반 독자들을 염두에 두고 썼기 때문에, 되도록이면 이해하기 쉽고 또한 흥미있게 쓰려고 했다. 각 항목의 지도 설명에는 특히 신경을 썼다. 뉴스에 등장하는 민족이나 민족간의 분쟁을 이해하는 데 조금이라도 도움이 되었으면 하며, 민족이나 분쟁의 원인에 대한 설명도 빠뜨리지 않으려고 노력했다.

차 례

머리말	5
아르메니아인 — 카프카스에 떠 있는 외로운 섬	23
인공적 공화국 몰다비아의 원점	28
미국의 유태인	33
유럽에서 되살아나고 있는 반유태주의	38
퀘벡의 '교훈'	43
중국에 있는 176만의 조선민족	48
'아랍'이란 누구인가	53
국가 없는 '쿠르드'	58
팔레스타인인의 정체성	63
기울고 있는 'WASP'	69
유고슬라비아, 국가 분열의 행방	73
아시아와 유럽을 잇는 '터키'라는 이름의 사람들	79
그루지야의 혼미	84
유랑민 집시	89

티베트의 독립은 가능한가	94
히스패닉의 폭발	99
에티오피아의 '약한 고리'	104
키프로스를 나누는 '성벽'	109
오스트레일리아의 '방황'	114
대러시아주의의 위협	119
아프리칸 · 아메리칸	124
탈유럽 지향성이 강해진 말레이시아	129
슬라브란 누구인가	134
이란의 내우외환	138
서유럽과 러시아 사이에서 동요하는 핀란드	143
'스페인의 해'를 이용한 바스크 독립운동	148
체코와 슬로바키아의 빌로드 분열	153
'미국인'이라는 허구	158
중국의 압도적인 다수과 '한족'이란 누구인가	163

아르메니아인—카프카스에 떠 있는 외로운 섬

저 구슬픈 아르메니아 음악의 가락은 비극적인 아르메니아 민족의 역사와 잘 어울린다. 지난 1990년 1월, 구소련의 아제르바이잔 공화국에서 박해를 받았던 아르메니아인은 피난지였던 타지크, 키르키스 공화국에서도 돌과 총세례를 받았다.

크렘린이 아제르바이잔에 무력 개입을 했을 때, 유럽과 미국은 '유감스러움을 금할 길 없다'라고 온건하게 대응했다. 무력 행사를 한 명목이 '아르메니아인에 대한 박해를 저지하는'데 있었기 때문에, 이전부터 아르메니아인에게 동정적이었던 유럽 여러 나라와 미국은 이를 정면으로 비난할 수가 없었던 것이다.

아르메니아인의 전체 수는 600만 이상으로 추정하는데, 그 가운데 소련에 400만(아르메니아 공화국에 300만), 그 밖에 터키·이란·유럽과 미국 등지에 200만 이상이 살고 있다고 한다. 아르메니아인에 대해 남아 있는 가장 오래된 기록은 기원전 14세기로 보이며, 거주지는 현재의 터키 동부와 카스피 해 사이에서 변화해 왔다. 기원전 7세기경 흘러들어온 아리아인과의 혼혈로서, 인도유럽어족의 아르메니아어를 사용하며, 4세기에 세계에서 최초로 기독교를 민족종교로 채용했다.

많은 이민족의 지배를 받은 끝에 이슬람 교도의 대해에 떠 있는 기독교도의 작은 섬이라고 할 수 있는 존재가 되었다. 그 사이 주민 다수가 세계로 흩어져서 뛰어난 상술을 닦았으며, 흩어져 살면서도 기독교를 '응고제'로 하여 민족적 주체성을 강하게 추구해 왔다. 때문에 유럽이나 미국의 기독교 문명권의 동정을 산 반면, 오리엔트 이슬람 문명권에서는 자칫 고립되기 쉬웠다. 이란이나 터키, 중앙아시아의 이슬람권에서 그들을 경원시하는 주요 원인도 거기에 있을 것이다.

16세기 이래 아르메니아인 거주지역은 오스만 튀르크와 페르시아, 러시아 세력의 각축장이 되었으며, 20세기 들어와서 아르메니아인의 운명을 좌우한 것은 다음 두 가지 요소이다.

먼저 러시아·소련의 민족정책이 그것이다. 러시아는 지배하에 있는 아르메니아인을 '카프카스의 유태인'이라고 부르며 다른 민족이 적의를 갖도록 부채질하였고, 나아가 힘으로 여러 민족 전체를 억누르는 분할 통치를 시도했다. 스탈린의 민족정책을 이어받은 이 수법은 최근의 민족충돌에도 그 불씨를 남기고 있다.

두 번째는 오스만 튀르크의 아르메니아인 학살이다. 제1차 세계대전이 시작되자 자신들의 지배하에 있던 아르메니아인의 반란을 두려워한 오스만 튀르크는 1915년 그들

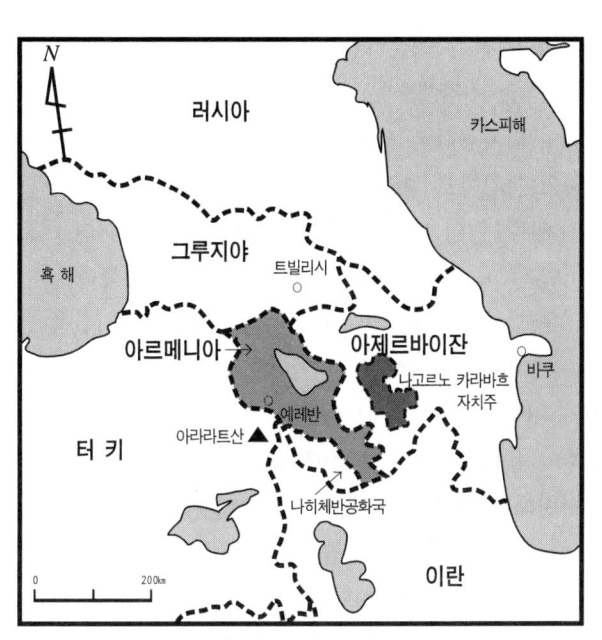

워싱턴 D.C.의 교외에 있는 메릴랜드 주 베세즈더에 네오미 페크 미지얀이라는 80세가 넘은 할머니가 있다. 나와 친한 미국인 가운데 한 사람이다. 이름의 끝자로 보아 판단하건대 아르메니아인임을 알 수 있다. 구소련 정치가 미코얀, 미국의 작가 사로이얀과 마찬가지다.

5개 국어를 구사하며 국무성 어학교사였던 그녀는 평생 독신으로 천애의 고독 속에서 살았다. 만날 때마다 '항상 혼자시군요' 하고 말하면, 그녀는 '혼자서 사는 것을 즐기고 있지요'라고 말하고는 눈물을 흘린다. 절대 아르메니아인 학살 이야기는 서로 꺼내지 않았다.

에게 메소포타미아 사막으로의 강제이주령을 내렸다. 혼란 끝에 아르메니아측은 '150만 이상의 아르메니아인이 학살 당했다'고 주장했으며, 오스만 튀르크 붕괴 후에 탄생한 현재의 터키공화국 정부는 '많은 사람들이 이주 도중에 병사하거나 기아로 죽었다'고 변명해 왔다.

강제이주령이 발표된 지 50주년이 되는 1965년 아르메니아인은 베이루트·파리·런던에서 무력 보복을 선언하고, 유럽 각지에서 터키 외교관이나 터키 정부기관을 습격했다. 1984년 로잔에서 열린 아르메니아인 세계회의는 민족의 이익을 위하여 국제적인 지원 획득을 결의했다. 그 이후의 움직임은 빠르게 진행되었다.

첫번째가 1987년 유럽회의가 채택한 '아르메니아 결의'이다. 당시 터키는 유럽공동체(EC)에 가맹 신청중이었는데, 터키가 아르메니아인 '대학살'을 인정하지 않으면 EC 가맹을 인정하지 않겠다는 내용이었다.

1988년 아제르바이잔 공화국 안에 있는 나고르노 카라바흐 자치주(인구의 80%가 아르메니아인)는 아르메니아 공화국으로 소속을 변경할 것을 결의했다. '대학살'을 저지른 터키 민족과 가까운 아제르바이잔 공화국에 소속되어 있는 것(실질적으로는 종속)을 참을 수 없다는 것이었다. 1989년 아르메니아 공화국은 '4월 24일을 아르메니아인 학살을 추도하는 국민 기념일로 정한다'고 선언했다.

유태인 로비, 그리스인 로비 다음으로 아르메니아인의 로비가 강력한 미국 의회에서도 같은 추도일 안이 나왔을 때, 그 문안에는 '현재의 터키 공화국 창립 이전에 일어났던 대학살'이라는 표현이 있었다. 터키에 미군기지를 두고 있기 때문에 현재의 터키에는 학살 책임이 없다는 입장에서 배려한 것이었지만, 이에 터키측은 맹렬히 반발하고 규탄했다.

1987년 미국 캘리포니아 주는 공립학교에서 아르메니아인 '대학살'을 가르치도록 법령으로 의무화했다. 미국은 1988년의 아르메니아 지진 때에도 적극적인 원조를 아끼지 않았다. 특히 중간선거를 그 해 가을에 치르기로 되어 있는 상황에서 미국의 정치가는 아르메니아인에게 각별한 배려를 하지 않을 수 없었던 것이다.

바야흐로 아르메니아인은 민족 분쟁에 그치지 않고 국제관계나 미국의 국내정치까지 움직이는 마그마를 확산시켰다.

인공적 공화국 몰다비아의 원점

　자유화가 진행되고 있는 동유럽 여러 나라 가운데서 개혁이 가장 철저하지 못한 나라는 루마니아다. 그 배경을 깊이 파고들어 가다 보면, 그것이 루마니아 동부와 소련 서부에 걸쳐 있는 몰다비아 지역의 역사적인 영유 문제에까지 연결되어 있음을 알 수 있다. 간단히 말하면, 루마니아와 소련의 민족적 마찰이 루마니아 공산체제를 특수한 형태로 강화했으며, 그것이 차우세스크 체제가 붕괴한 후인 오늘날까지 이어지고 있다는 것이다.
　루마니아와 소련의 국경을 이루는 프루트 강의 동쪽은 이전부터 베사라비아, 서쪽은 몰도바라고 불렸다. 그런데 몰도바 사람, 즉 몰다비아인이 14세기에 일으켰던 몰다비아 후국(현 루마니아의 원형)이 베사라비아를 영유하고 강의 동편에도 몰다비아라는 호칭을 붙이도록 했다. 그리고 제2차 세계대전 후, 소연방을 구성하는 공화국이 강의 동쪽에 수립되었을 때도 '몰다비아'라는 이름이 붙여졌다.
　일찍이 몰다비아 후국이 군림했던 강의 양쪽에 살았던 몰다비아인은 오늘날에도 민족적·문화적으로 같은 주체

의식(일체감)을 가지고 있으며, '역사적 몰다비아'의 통일을 염원하고 있다. 이것은 구체적으로는 몰다비아 공화국의 영토를 루마니아에 귀속시키려는 운동이 된다. 몰다비아인의 귀속의식은 소련이 아니라 루마니아를 향해 있는 것이다. 그들의 이러한 심정은 몰다비아의 역사를 더듬어 보면 이해할 수 있다.

  프루트 강을 끼고 있는 이 지역은 '민족의 박물관'이라고 할 정도로 많은 민족들이 거쳐갔다. 그 가운데 로마 제국이나 오스만 튀르크 제국의 영향을 많이 받았으며, 1812년에 러시아가 강 동쪽의 몰다비아를 영유하면서부터 몰다비아인 사이에서는 반러시아 감정이 싹텄다. 19세기 중엽 몰다비아 후국은 남쪽의 와라키아 지역과 통일하고 1881년 루마니아 왕국이 된다. 그리고 후에 헝가리와 접해 있는 트랜실바니아 지역까지 포함하여 오늘날의 루마니아의 판도를 형성한다.

  강 동쪽의 몰다비아 지역은 그후 소련과 루마니아 사이에서 서로 분쟁이 그치지 않았다. 제1차 세계대전과 소비에트 혁명으로 혼란했던 1918년에는 루마니아가 무력으로 이 지역을 영유했다. 제2차 세계대전 때는 나치스 독일도 등장한다. 소련이 독소 불가침조약에 의해 독일이 1940년 이곳을 점령하여 몰다비아 공화국을 세우도록 방치했던 것이다. 독소전이 일어나 루마니아와 독일 양군이 이곳을 3년간 지배하기도 했으나 소연방이 다시 탈환하였으며, 1947년 루마니아는 마침내 강 동쪽을 소련에 귀속시킬 것을 승인했던 것이다.

이상을 보면, 루마니아가 국경을 접한 소련이나 헝가리에 대하여 갖고 있는 경계심이 얼마나 뿌리 깊은가를 알 수 있다. 특히 프루트 강 동편의 몰다비아의 소련 영유는 미묘한 문제를 야기하고 있으며, 이는 '민족적 판도라의 상자'와 같다.

몰다비아 공화국의 인구 434만 가운데 약 3분의 2가 루마니아계 몰다비아인, 나머지는 러시아인, 우크라이나인 등이다. 소련은 루마니아와의 끈을 절단하기 위하여 '러시아화'를 진행했다. 예를 들면 이 지역에 러시아인을 들여와 살게 한다든지 러시아어 교육을 강화하는 것 등이다. 언어는 루마니아어와 거의 같은 몰다비아어를 쓰고 있지만, 러시아어와 우크라이나어 단어도 들어 있으며, 문자는 루마니아 국민과 달리 러시아인과 같은 킬 문자를 쓰고 있다. 즉 소련은 '독자적인 몰다비아인'이라는 민족성을 육성하려고 노력했던 것이다. 방송에서는 몰다비아어와 러시아어 양쪽을 모두 사용하고 있다.

그러나 '러시아화' 정책에 대한 반발은 페레스트로이카 이후 특히 강해져, 1989년 4월에는 공화국의 수도 키시네프에서 몰다비아어를 공화국의 국어로 하라는 규탄 데모가 일어나 관헌들과 충돌하였다. 1990년에는 루마니아어 교과서 1만 권을 키시네프에 가지고 들어오려 한 루마니아인 학생이 소련 당국에 의해 저지당했으며, 같은 해 3월말에는 항의집회가 부카레스트에서 열렸다. 집회는 1918년에 루마니아가 베사라비아를 영유한 역사를 기념하는 집회이기도 했다. 소련에서도 가장 인공적이라고 할 수 있는 몰

　루마니아 남부가 오스만 튀르크제국의 지배 아래에 있던 1906년, 육로로 루마니아로부터 러시아로 여행을 하던 도쿠토미(德富蘆花)는 당시의 루마니아를 그의 저서 ≪순례기행(順禮紀行)≫에 다음과 같이 적고 있다.

　"이 나라도 불가리아와 마찬가지로 농업국이며 … (중략) … 인구 600만의 작은 나라이지만 사람들은 다부지고, 전등·전차·포석·가로수 등도 아름다우며, 무엇보다도 카르멘 실바를 국모로 받들고 있었다."

다비아 공화국의 저항이 거기에서 분출했던 것이다.
 루마니아의 베사라비아에 대한 영유권 주장은, 일찍이 공산화한 소련과 동맹관계에 있던 1960년대 초두에 이미 국내에서 나오기 시작했다. 소련과 일정한 선을 그은 차우세스크 외교는 몰다비아를 둘러싼 국민의 반소 감정과 일치하여 정권의 장기화를 어느 정도 도왔다. 정권이 4반세기 동안이나 오래도록 지속되었기 때문에 새로운 체제에서도 구세력이 남아 있어 여론에 분열의 조짐이 보이고 있지만, '국내를 결속하는 수단으로서 몰다비아를 둘러싼 민족 감정에 불을 지르는 것이 아닌가' 하는 불안한 관측도 나오고 있다.
 몰다비아 공화국은 1991년 5월 '몰도바 공화국'으로 이름을 바꾸었고, 이어 8월에 소련으로부터 독립을 선언했으며, 소련 붕괴 후에는 독립국가연합(CIS)에 가입했다. 프루트 강의 동서에서 일어난 격변에도 불구하고 몰다비아인이 이루어내는 화음을 볼 때, 동서를 횡단하는 역사적 주체성은 전혀 변하지 않았다는 생각이 들지 않을 수 없다.

미국의 유태인

미국 정계에서 유태인 로비가 강하다는 것은 거의 신화에 가깝다. '유태 국가 이스라엘의 이익 증진과 불이익의 저지'를 위한 로비 활동의 지령본부는 워싱턴에 있는 연방의사당 앞 빌딩의 3층에 진을 치고 있는 미국 이스라엘 공보위원회(AIPAC)이며, 이곳은 '제2의 이스라엘 외무부'라는 별칭을 가지고 있다.

이 위원회의 활동이념, 즉 이스라엘의 존재가 미국의 대소련 전략상 아주 중요하다는 '전략자산론(戰略資産論)'은 레이건 정권 초기의 미소 대결 시대에는 아주 강력한 힘을 발휘했다. 그러나 긴장 완화의 흐름 속에서 이스라엘의 '자산 가치'는 떨어지기 시작했다.

미국에 거주하는 유태인 인구(1986년 기준)는 581만(전 세계 유태인 인구의 44%)으로, 전체 미국 인구의 약 2.5%에 해당한다. 각 주별로 유태인 인구를 살펴보면, 100만 이상은 뉴욕(191만, 주 인구의 11%)뿐이고, 10만 이상은 캘리포니아(81만, 3.2%), 플로리다(52만, 4.7%), 뉴저지(42만, 5.6%), 펜실베이니아(34만, 2.9%), 매사추

세츠(27만, 4.7%), 일리노이(26만, 2.2%), 메릴랜드(20만, 4.6%), 오하이오(14만, 1.3%), 코네티컷(11만, 3.4%)의 아홉 개 주이다.

주 인구에서 차지하는 비율도 결코 높지 않다. 그런데도 정치가에게 위협적인 것은 그들의 집중호우적인 투표 행동 때문이다. 1980년대에 AIPAC은 활동의 중점을 선거구로 옮겨 이스라엘에 우호적인 특정 후보에게 헌금과 투표를 집중시켜 친아랍적인 특정 후보를 보이콧하는 극단적인 운동을 전개했다. 또한 비유태계라 할지라도 유력한 친이스라엘 후보라면 응원했다.

1984년 찰스 파시 상원외교위원장에게 친아랍 딱지를 붙여 낙선시킨 일은 AIPAC이 대성공을 거둔 예로서 기록되고 있다. 예전에 평화군에 관여했던 AIPAC 전무이사 토마스 다인은 이러한 풀뿌리 운동을 가장 자신있어 했다. 그리고 AIPAC은 이스라엘에 관계 있는 투표가 의회에서 행해지면, 전의원의 투표 태도를 공표하여 이스라엘에 우호적인가 아닌가를 판단하는 자료로 제공하고 있다.

AIPAC의 선전책자에는 '이스라엘의 전략적 가치' '미국에 의한 이스라엘 방위 기기와 용역의 조달' '미국·이스라엘 자유무역지대—양국은 어떻게 이익을 얻을 것인가' 등이 있는데, 이들 목표는 어느 것이나 차례차례 달성되었다. 1983년에 양국은 정치군사합동위원회를 설치했으며, 1985년에는 자유무역협정을 발효시켰다.

미국 최초의 이 자유무역협정은 10년간 상호 관세를 전면 폐지하도록 했다. 이 협정으로 이스라엘은 미국에 대한

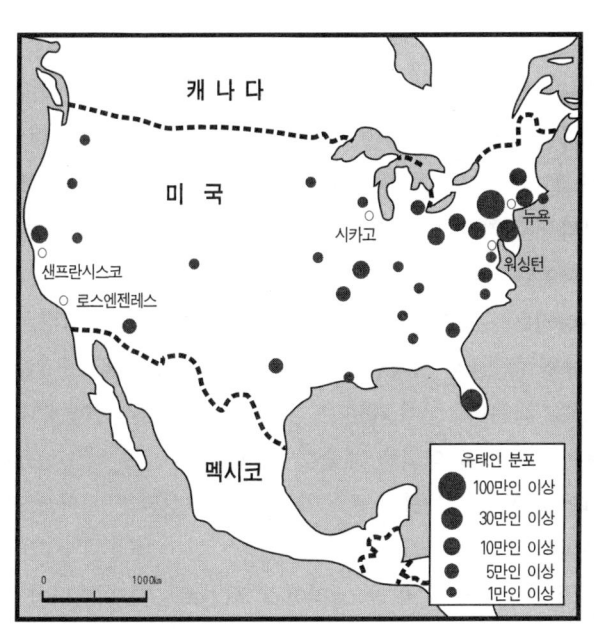

워싱턴 D.C.에는 외교정책 연구소가 여러 개 있다. 어떻게 하면 미국 외교에 영향력을 끼칠 수 있을까를 기대하고 하는 연구이기 때문에, 연구자들은 자칫 각국의 압력을 받기 쉬우며, 서로 압력을 가하기 위해 치열한 싸움이 전개된다.

1980년대 초, 안전보장을 주제로 연구하는 아랍계 연구자의 연구실 입구 및 자료상자의 이중 열쇠가 파괴되었다. 이어 그의 아파트의 우편함이 파손되고 우편물이 바닥에 흩어져 있었다. '범인은 유태계다'라는 소문이 있었지만, 진상은 밝혀지지 않았다. 그리고 머지 않아 피해자인 연구자는 연구소에서 쫓겨났다.

수출이 유리해지는 반면, 미국은 이스라엘에 공장을 진출시켜 현지 제품을 이스라엘제라는 명목으로 이스라엘과 특혜 관계에 있는 유럽공동체(EC)에 수출할 수 있었다. 이스라엘은 미국에 소련이나 테러에 관한 정보를 제공해 왔을 뿐더러 고도의 군사전략으로 전략방위구상(SDI)에도 일찍부터 참여하고 있다. AIPAC이 내세우는 전략 협력의 성과이다.

다인은 '(백악관이나 의회뿐만 아니라) 내무·국방·재무·상무·농무·CIA에까지 친이스라엘 세력을 심어놓았다'고 하는데, 실제 레이건 정권이 사우디아라비아에 대한 무기 매각안을 의회에 제출했을 때, 당시 슐츠 국무장관이 다인을 장관실로 불러 품목별로 찬반을 상담한 에피소드는 유명하다.

최초의 유태계 이민 엘리어스 리가르트가 버지니아 주에 들어온 것은 1621년이다. 이후 유태교 생활양식의 공유로 맺어진 사람들이 전 미국 각지에 시나고그(유태교 교회)를 중심으로 코우샤(율법에 따른 음식물)를 먹으며, 같은 향신료의 향을 자욱하게 뿌리면서, 정치경제계에서부터 학술문화계에까지 광범위하게 세력을 뻗어 왔다. 바로 그렇기 때문에 반발도 또한 뿌리 깊다. 그들은 비유태계의 거의 5할로부터 '이스라엘에 지나치게 충실하다'고 하여 백안시당한다. 친이스라엘 경향이 강한 보도계도 하나로 똘똘 뭉쳐 있지는 않는데, 예를 들면 사주가 유태계인 《뉴욕 타임즈》의 앤터니 루이스 기자는 공평무사하게 이스라엘을 비판하는 논진을 이끌고 있다.

부시 정권 아래서 냉전이 붕괴하자 연간 30억 달러 이상의 이스라엘에 대한 원조 삭감 요구가 처음으로 연방의회에 제출되어 주목을 받았다. 동유럽의 민주화 지원금으로 전환한다는 것이 대의명분인데, 여기에는 누구도 반대하기 어려웠다. 세계의 격변으로 미국에 거주하는 유태인 세력의 신화가 미묘하게 흔들리고 있는 지금이지만, 걸프전쟁에서 미국은 시종 이스라엘을 지켰으며, 또한 12년만에 당선된 민주당 대통령 클린턴도 이스라엘에 치우치는 선거강령을 내걸어 당선되었다. 그 배경에는 정치적 파워의 온존을 꾀하는 재미 유태인의 현명한 활동이 있었다.

유럽에서 되살아나고 있는 반유태주의

미국 신문 ≪볼티모어 선≫이 근래 동유럽 여러 나라의 의회 풍경을 그린 만화를 게재했는데 그 제목은 다음과 같은 것들이었다. '마침내 전체주의를 잘라버렸다' '새로운 사회의 건설이다' '기본은 민주주의의 가치, 자유와 인내' '인권 존중' '거기에서 유태인을 추방하라.'

새삼스럽게 반(反)셈족주의 '유태인 박해'의 물결이 동유럽에 일기 시작한 것이다. 폴란드, 루마니아, 헝가리에서는 '유태인을 가스실로'라는 낙서가 등장했다. 서유럽에서도 1990년 5월10일 프랑스 남부의 유태 묘지가 파손되고, 노인의 사체에 양산이 박혀 있는 채로 발견되었다. 비석에는 나치스의 갈고리 모양 십자가가 붉은 페인트로 휘갈겨 쓰여 있었다. 그 동기는 모호하지만, 그것이 반셈족주의의 기분 나쁜 특징이기도 하다.

19세기 초 전세계 유태인 인구는 약 250만으로, 그 가운데 90%는 러시아 서쪽 끝을 포함한 유럽 세계에 흩어져 살고 있었다. 당시에는 바로 유럽이야말로 유태인의 본거지였던 것이다. 그러나 그들은 '그리스도를 살해한 것은 유태인이다'라는 전설 때문에 종교적인 반셈족주의의 표적이 되었으며, 또한 중세 이래 그들이 해온 금융업에 의해 '고리대금업자 샬록의 이미지' 때문에 인종적·경제적 반셈족주의의 표적이 되기도 했다.

과거에 행해진 유태인에 대한 집단적 박해에서는 사회에 불행이 일어나면 유태인을 희생양으로 삼는 형태를 취했다. 지금 유럽에는 장래에 대한 불안도 있지만, 다가올 시대에 대한 희망도 충만해 있다. 바로 그렇기 때문에 '왜, 지금?'이라는 의문이 생기는 것이다.

동유럽의 경우 공산주의라는 이름의 전체주의 딱지가 제거되었다. 이 딱지는 창조성도 극단적인 민족주의나 반셈족주의도 봉쇄해 왔다. 그런데 지금 그 모든 것이 분출하고 있는 것이다. 봉쇄되어 있었을 뿐 해소되지는 않았던 것이다. 특히 폴란드, 헝가리의 공산 정권에서는 유태인이 중요한 역할을 담당하고 있었기 때문에 반공(反共)과 반셈족주의가 동의어가 되었다.

프랑스에서는 극우적인 국민전선의 대두에서 그 배경을 찾는 설명이 많다. 알제리 등 북아프리카에서 온 아랍인 노동자의 배격으로 인기를 올린 국민전선은 다른 인종을 공격하면서, '유태인 학살은 사소한 역사적 사건이었다'라든가 '유태인이 학살 피해를 과장해서 부르짖는 것은 동정과 원조를 이끌어내려는 전술'이라는 등 단언하고 있다.

나치스 독일에 의한 유태인 학살은 유럽 최대의 집단적 박해이다. 희생자 수는 계산방법에 따라 다르지만, 대략 계산해도 약 600만. 주요 국가별 내역을 보면 헝가리가

327만, 구소련이 105만, 루마니아가 53만, 체코와 슬로바키아가 26만, 헝가리가 20만, 독일이 20만, 프랑스가 14만 등이다.

강대한 독일의 부활을 꿈꾸는 신나치스가 행동으로 나오고 있는 지금, 전유럽의 유태인이 공통의 불안을 안고 있는 것은 당연할 것이다. 그리고 여기서 놓쳐서는 안 되는 것은 유태인 학살에는 다른 나라들도 협력했다는 것이다.

폴 존슨의 ≪유태의 역사≫에 의하면, 오스트리아는 나치스의 유태 처리반에 다수의 인원을 제공했으며, 주요 유태 강제수용소 여섯 개 중에 네 개의 관리를 담당했다. 발트하임 대통령이 한때 유태인 박해에 관여했다는 의혹도 제기된 바 있다.

루마니아는 국내의 유태인 학살에 관여했을 뿐 아니라 나치스 독일군과 함께 소련에 침입하여 거기에서도 유태인을 살해했다. 폴란드, 헝가리도 국내의 유태인 학살을 거들었다고 한다. 독일에 우호적인 프랑스의 비시 정권은 국내의 유태인을 수용소로 보내주었다.

전후 서독은 즉시 유태인에게 사죄했다. 동독은 훨씬 뒤인 1990년 4월 12일 자유선거로 선발된 인민의회의 개회 서두에 '유태인에게 용서를 빈다'는 성명을 발표했다. 여기에는 독일의 통일에 앞서 유태인의 불안을 진정시키려는 의도도 있었다고 한다.

다른 나라에서는 과연 과거를 청산하였는가? 프랑스 비시 정권의 살아남은 책임자는 지금까지도 과거를 공공연하게 정당화하고 있다. 그러한 상황 속에서 유태인 박해 사

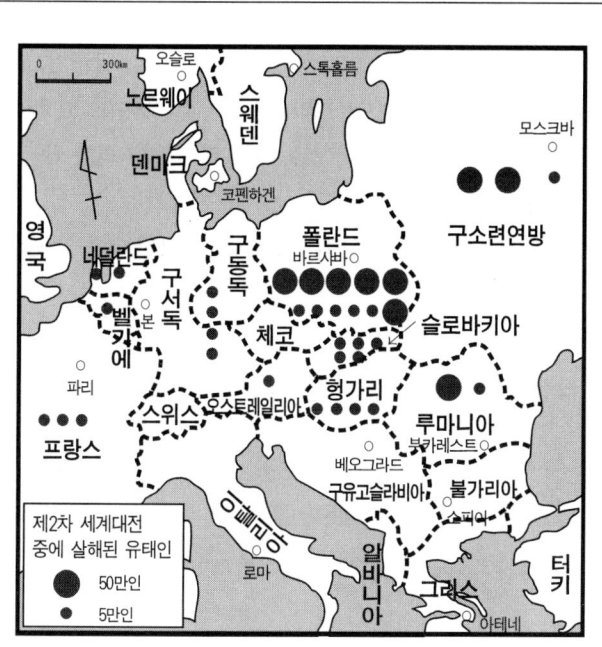

　나치의 반유태주의를 규탄하는 이야기 《안네의 일기》에 대해서는 그것이 실제 일어난 일이 아니라 꾸며낸 이야기라고 주장하는 몇 가지 위작설(僞作說)이 있다. 극단적인 것으로는 1978년에 미국의 역사재검토연구소가 공표한 '가스실 부재론(不在論)'이 있는데, 그러한 주장의 배경으로 미국에서 고개를 내밀고 있는 신나치스 집단의 존재가 지적되기도 했다.

　1989년 네덜란드의 국립전쟁문서연구소가 일기가 진짜임을 '실증적으로 증명했다'고 발표했을 때, 그로써 일기의 진위 논쟁에 마침표가 찍혔다고 생각되었다. 그러나 근래 유럽에서조차 '유태 학살 부정론'이 들리는 것은 새로운 반유태주의의 고양을 말해 준다고 할 수 있을 것이다.

건이 재발한 것이다.

　오늘날 유럽의 유태인 전체 인구(1984년)는 276만, 그 가운데 프랑스가 53만으로 최대의 인구를 가지고 있으며, 다음으로 영국이 33만이다. 동유럽에서는 헝가리가 6만 2천, 루마니아가 2만 6천이다.

　안심할 수 있을 것 같았던 프랑스에서 묘지 파손 사건이 발생하자, 사건 직후 일주일 동안 2천 명의 유태인이 이스라엘 이주를 신청했다고 한다. 또한 프랑스 정부는 서독에서 발행하는 세 종류의 신나치스 잡지에 대해 이례적으로 국내 발매 금지 처분을 내렸다.

　지금 독일 통일의 화려한 드라마의 배후에는 거대하고 음습한 그림자가 넓게 드리워져 있고, 꺼림칙한 '민족 정화'의 외침이 유럽 각지에서 메아리치고 있다.

퀘벡의 '교훈'

연방 해체의 위기. 이것은 저 소연방이 아니라 서방측 선진국의 일원으로서 안정을 구가하는 듯이 보이는 캐나다의 이야기다.

1990년 6월 하순 이래 캐나다의 신문에는 '헌법 수정 또다시 좌절' '2백 년이 넘은 분쟁' '퀘벡의 분쟁으로 캐나다는 발칸화하고' 등의 불온한 표제어가 난무하고 있다. 도대체 무슨 일이 일어나고 있는가?

엘리자베스 여왕이 국가의 원수인, 영연방 내의 주권국가 캐나다가 자주헌법을 갖게 된 것은 놀랍게도 1982년, 캐나다가 영국으로부터 자치를 획득한 1867년으로부터 115년이 지난 후였다. 이 점은 캐나다의 의외로 불안정한 내정을 시사해 준다. 그 헌법에 퀘벡 주는 참가를 거부해 왔다. 소위 퀘벡 분쟁인데, 그 마지막 조정이 또다시 실패로 돌아간 것이다.

분쟁의 핵심은 영어계 주민이 주도하는 체제 아래서 프랑스어계 주민이 민족적 주체성을 지키려는 싸움이다. 구체적으로는 프랑스어계가 86%를 차지하는 퀘벡 주(1986

년의 주 인구 616만 가운데 프랑스어계가 532만)가 어디까지 권한을 가질 수 있는가이다.

겨우 15분 동안의 사소한 전투가 모든 것의 발단이었다. 18세기 북아메리카 대륙에서 새로운 부와 기회를 탐색하고 있던 영국과 프랑스의 모험가들은 오늘날의 캐나다 영토를 무대로 여러 차례 싸움을 주고받았다. 1759년 퀘벡 지방의 한풍이 휘몰아치는 에브라함 평원의 결전에서 영국군은 프랑스군을 격파했다.

전투는 15분만에 끝났지만, 이것은 영국계와 프랑스계의 길고 긴 반목의 시초가 되었다. 북진(北進)을 노리는 미국의 공격에 대비하여 양자는 전술적으로는 악수를 나누었지만, 가슴 밑바닥에서는 경계를 늦추지 않았다.

캐나다의 건국자는 영국과 프랑스의 주요 민족이다. 다민족 국가가 된 오늘날에도 전체 인구 약 2천 6백만 가운데 영국계가 45%, 프랑스계가 27%를 차지하여 다른 여러 민족들을 압도하고 있다. 바로 그렇기 때문에 영국계와 프랑스계 사이의 마찰이 끊이지 않고 있으며, 유럽에서의 영국과 프랑스 사이의 전통적인 경쟁의식이 여기에 기름을 붓고 있는 형태이다.

영국계와 프랑스계의 평등한 협력 관계를 전제로 하고 있으면서도, 영국계가 캐나다의 정치·경제를 좌지우지하고 있어 프랑스계는 불만을 품어 왔다. 또 캐나다가 미국을 포함한 북미 대륙의 압도적인 영어문화권에 있어, 프랑스계가 매몰되어버릴지도 모른다는 불안도 있을 것이다.

1960년대 불만과 불안의 결정체로서 결성된 퀘벡 해방

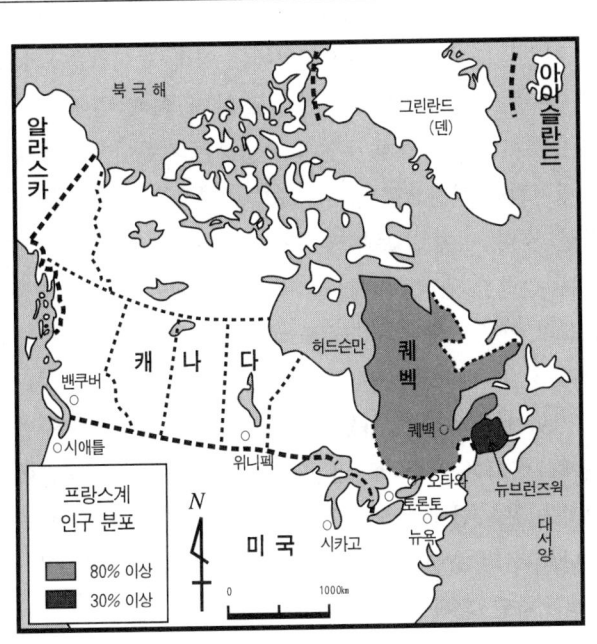

　퀘벡은 캐나다의 일부분이며 퀘벡 주민도 캐나다 국민이고, 물론 프랑스 국민은 아니다. 그러나 퀘벡에서 분쟁의 불길이 타오를 때마다 미테랑 전 프랑스 대통령은 '퀘벡 주민의 안전에 깊은 관심'을 표명해 왔다. 프랑스 정부가 퀘벡 주민을 보호할 책임이 있어서가 아니라 공통의 민족성 때문일 것이다.

　페루 국적의 후지모리 대통령이 단지 일본계라는 이유로, 일본 정부가 페루에 특별히 경제 원조를 하는 등 미국과는 다른 대응을 하고 있는 것도 같은 심정에서일 것이다.

전선은 '자유 퀘벡의 독립'을 외치면서 주 안에 있는 연방 시설물을 폭파하고, 1970년에는 영국 외교관을 납치했다. 프랑스계 주민의 '안주의 요새'인 퀘벡 주에서는 다른 주로부터 프랑스계 주민이 유입하는 경향이 현저하다.

위기의 처방전으로서 '두 가지 국어를 가진 국가'를 제창한 것이 피에르 트루드이다. 1968년에 정권을 장악한 그는 강력한 카리스마를 발휘하여 1982년의 헌법 제정을 간신히 이루어냈지만, 그것도 퀘벡 주를 만족시킬 수는 없었다.

1984년에 등장한 마를르니 현 정권은 퀘벡 주를 연방 내에서 '다른 사회'로 인정하는 헌법 수정안 미테레이크 협정을 1987년에 내놓았다. 퀘벡 출신이며 영국계인 마를르니 수상의 고심의 산물이었다. 이로써 퀘벡 주는 언어·교육·자원 등에 대하여 특별한 권한을 보장받을 수 있게 될 터였다. 그리고 1990년 6월 9일 주 대표자회의도 6월 23일까지 이 협정의 비준을 확인했다.

그러나 열 개 주 가운데 퀘벡 주를 포함한 여덟 개 주는 기한 내에 이를 비준했지만, 뉴펀들랜드 주와 매니토바 주는 그때까지 비준을 하지 않았다. 이리하여 미테레이크 협정은 막바지에 무산되고 말았다.

영국계가 과반수인 뉴펀들랜드 주는 '퀘벡 주에 권한을 부여할 수 없다'라고 반발하였으며, 매니토바 주는 '주 안의 먼저 거주했던 민족인 인디오에게도 특수한 권한을 인정해야 한다'고 주장했다.

영국계가 주도한 헌법 아래서 퀘벡 주민들은 현실에 만

족할 수 없었다. 퀘벡 주가 분리 움직임을 보이는 한편, 퀘벡 주의 동쪽에 있는 네 개 주(뉴펀들랜드, 프린스에드워드 아일랜드, 노바스코샤, 뉴브런즈윅)는 미국에 병합 신청을 하려는 움직임도 없지 않다. 다민족 국가에서 한 민족에게만 '특수한 지위'를 인정하는 것은 위험한 발칸화를 초래한다는 트루드의 지적은 세계 각지에서 일어나고 있는 민족 분쟁에 주는 교훈이기도 하다.

위기감을 느낀 연방정부는 또다시 새로운 헌법수정안(샬럿타운 협정)을 내놓고, 1992년 10월 국민투표에 붙였다. 내용은 퀘벡 주에 연방 하원의석의 최저 25%를 배분하고 동시에 인디오 등 선주 민족에게는 5년간의 이행 기간을 두고 자치권을 부여한다는 것이었다.

결과는 열 개 주 가운데 네 개 주의 찬성밖에 얻지 못하고 부결되었다. 퀘벡 주에서는 야당인 퀘벡 당의 팔리조 당수가 '퀘벡 민족에서 퀘벡 국민으로'라는 전형적인 민족 자결 코스를 주장하고 있지만, 분리·독립에 대한 지지가 20%인데 그마저 낮아지는 경향이라는 것도 사실이어서, 아직 승인받지 못한 캐나다 헌법 아래 퀘벡 주가 잔류한다는 엉거주춤한 상태가 여전히 계속될 것이다.

중국에 있는 176만의 조선민족

1990년 6월 25일은 한국전쟁이 발발한 지 40주년이 되는 날이었다. 실은 전쟁이 발발하기 1년 전인 1949년 7월 중국은 인민해방군 지휘하에 있던 조선군 20만을 북한에 인도했다. 그것이 북한의 남침을 지원하기 위해서였는지 아니면 단순히 방위를 강화하기 위해서였는지에 대한 논의가 재연되고 있다. 목하 남북통일의 기운이 휘몰아치고 있는 가운데 벌어진 이러한 논의는 중국에 거주하는 조선족에 대한 관심을 새삼 불러일으키고 있다.

한반도의 밖에서 거주하는 한국인은 전세계에 약 400만이 있는데, 그 가운데 최대 지역은 중국으로, 중국에 거주하는 조선족의 수 176만 3,870명(1982년 통계)은 중국의 전체 인구 10억 1,600만의 0.17%에 해당한다. 중국에서는 56개 민족 가운데 한족이 92%로 압도적이지만, 소수민족 가운데는 티완족(壯族)이 1.3%로 가장 많고, 조선족은 열한 번째이다.

그들 대부분은 중국 국적을 가지고 있으며, 거주 지역은 옛날에 만주였던 중국 동북의 세 개 성(지린성, 헤이룽

장성, 랴오닝성)에 집중되어 있다. 지린성〔吉林省〕에는 연변 조선자치주와 장백 조선족 자치현이 있다. 그들은 민족적 주체 의식이 상당히 강하고 동족간의 결혼이 많다. 한글을 가르치는 소학교와 중학교, 연변일보 등 한글 신문, 한글을 쓰는 텔레비전·라디오 방송이 보급되어, 평양이나 서울에서 전파되는 방송에 귀를 기울이는 사람도 많다. 또한 생활수준도 높다.

온돌과 김치의 풍속습관에서부터 유교적 가치관까지, 요컨대 의식주 전반에 걸쳐서 한반도의 전통을 보존하고 있다. 그런데도 그들이 독립을 요구한다거나 국경인 압록강을 사이에 둔 한반도와 영토적으로 통합하려고 하는 움직임은 없다.

여기에는 몇 가지 이유가 있다. 첫째로 그들이 중국에 들어간 지가 시간적으로 비교적 짧기 때문에 '임시 거처'라는 마음을 갖고 있는 사람이 많다는 것이다. 혁명 후 중국측도 힘으로 민족자치를 제한하고, 자결권이나 이탈권을 인정하고 있지 않다.

중국과 소련의 격변은 몽골족이나 위구르족을 동요하게 하고, 중인전쟁(中印戰爭)은 티벳족을 크게 뒤흔들었다. 그러나 한국인의 경우는 달랐다. 중국과 북한은 문화대혁명이 일어난 시기를 제외하고는 대체로 우호적이었다. 중국과 남한의 관계도 1970년 이래 안정되어, 1974년에 우편업무가 시작되었고 1979년부터 중국에 거주하는 조선족의 한국 친척 방문도 허가되었으며, 1992년 8월에는 마침내 국교가 수립되기에 이르렀다. 한반도의 분단이라는 엄

중한 정세를 볼 때, 중국에 거주하는 조선족은 높은 수준의 교육과 문화를 향유하면서 중국에 안주해 가고 있는 듯하다.

한국인이 중국에 들어가기 시작한 것은 그리 오래 되지 않았다. 17세기부터 국경 근방에 사는 빈민들이 보다 나은 생활을 찾아 이동하면서 중국으로 들어갔는데, 그 규모는 적었다. 오히려 한일합방(1910년) 후에 농지 접수, 일본인의 한반도 유입, 한국산 쌀의 일본 수출 등으로 빈궁했던 농민이 중국으로 흘러들어갔으며, 그곳에서 수전(水田) 경작을 정착시켰다고 한다.

일본은 그들을 '일본 신민(臣民)'으로 취급하여 만주 진출에 이용하였다. 만주국 건국(1931년) 후 이러한 중국으로의 유입은 가속화하였으며, 전쟁이 끝나기 바로 직전 만주에 거주하는 한국인은 약 215만에 달했다.

러시아 혁명(1917년)은 당연히 중국에 거주하는 한국인에게도 영향을 주었으며, 한국인들은 적어도 세 개의 분파로 나누어졌다.

소련파 좌익과 중국파 좌익 그리고 보수파가 그것이다. 좌익화한 한국인은 만주를 주요 무대로 항일운동을 전개하였는데, 중국파 좌익은 중국혁명을 목표로 할 것인가 조선 독립을 목표로 할 것인가, 즉 무엇을 우선 목표로 삼아야 할 것인가를 놓고 갈등을 겪었다.

거기에서 중국인민해방군에 가담하여 국민당과 공산당의 내전에서 싸운 사람, 중국공산당의 지원을 받으면서 한국의 독립을 내건 '연안파' 등의 파벌이 생겼다. 이들은

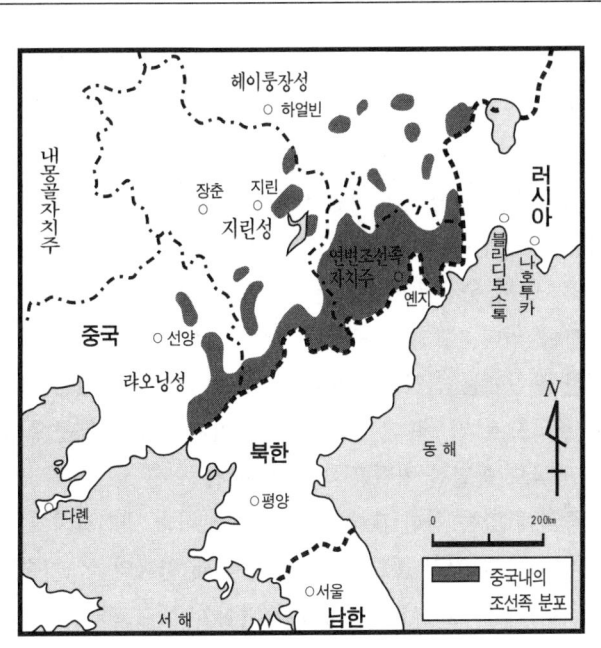

극동지역 교류의 하나로서 구상되고 있는 '동북아시아 경제권'의 범위는 한반도, 일본, 중국 동북부(옛 만주), 몽골, 러시아 동부이며, 육지 면적은 2천 평방킬로미터, 인구는 3억 3천만이다. 지리적으로 가깝다는 점, 풍부한 자원, 경제의 보완성 등으로 볼 때, 정치적 장애가 극복되고 교통망이 정비되면 잠재적인 경제 협력 발전의 가능성은 아주 높다.

모두 나중에 북한으로 갔는데, '연안파'는 소련에서 돌아온 김일성 일파에 의해 숙청되고 만다. 보수파 한국인은 장개석의 지원을 받았으며 후에 일부는 한국으로 돌아갔다.

　조국의 선택을 망설이면서 지금까지 중국 동북부에 남아 있는 조선족들이 한반도에 대해 갖고 있는 생각은 복잡하다. 먼저 문화적인 자치를 인정하는 중국에 대해서는 망설임이 있다. 그리고 중국과 국교를 갖고 있으며 국경을 접한 북한에는 친밀감을 느낀다. 친척이 한국에 있는 사람은 한국으로 기우는데, 사상적인 동기가 약하기 때문에 중국 당국도 특별한 차별은 하지 않는다.

　중국에 있는 친한(親韓) 조선족은 오히려 냉전시대에 중국과 한국의 접점(接點)이 되어 중국과 한국의 국교 수립을 원할하게 진전시키는 중요한 역할을 했다고도 말할 수 있다. 연변 조선족 자치주의 주도(州都) 옌지〔延吉〕는 일본, 러시아, 미국, 남북한 사람들이 빈번하게 왕래하면서 점차 극동 지역 교류의 한 거점이 되고 있다. 이와 함께 이 지역의 경제를 특수한 형태로 발전시켜가고 있는데, 그 주요한 원동력을 이루는 중국에 거주하는 조선족의 마음은 중국과 북한, 남한 사이에서 여전히 미묘하게 흔들리고 있을 것이다.

'아랍'이란 누구인가

이라크는 쿠웨이트에 출병하면서 쿠웨이트가 '아랍의 대의(大義)를 어겼다'고 비난하며 '범아랍주의의 길을 걸으려 한다'고 스스로를 정당화하였다. 애매모호한 표현이지만, 아랍이라는 하나의 통합된 사람들의 존재를 생각하게 하는 말이다.

그렇다면 도대체 아랍이란 누구인가?

예컨대 시리아에는 피부색이 하얀 '아랍인'이 있고, 이집트 남부나 수단에는 피부색이 검은 '아랍인'이 있어, 외견상으로는 가지각색이다. 그것에 대한 정확한 정의는 불가능에 가깝다. 지금도 아랍인이라 하면 단순히 아라비아 사막의 유목민을 가리키기도 한다. 19세기 후반에 아랍 민족주의가 대두하면서, 이슬람 탄생(7세기) 이후의 아랍의 역사·문화에서 주체성을 갖는 사람들을 아랍이라고 부르게 되기도 했다.

이슬람 탄생 이후의 아랍의 역사·문화를 상징하는 것은 아랍어이며, 따라서 '아랍이란 아랍어를 모국어로 하고 아랍어로 일상생활을 하는 사람들'이라는 단순한 정의도

가능하다.

아랍을 알기 위해서는, 비아랍과 대비시키는 것도 한 방법이다. 중동세계의 범주를 동쪽으로는 아프가니스탄, 서쪽으로는 모로코까지 잡는 경우, 아랍 국가의 전체 인구는 1억 6,700만, 비아랍국가의 전체인구는 1억 800만으로, 6대 4의 비율이다(1982년 국제연합 추정치). 비아랍국가란 아프가니스탄, 이란, 터키, 이스라엘, 키프로스를 말한다.

아랍 국가에서는 아랍어가 주류이며, 비아랍 5개국에서는 그렇지 않다. 즉 아랍어가 아랍의 중요한 조건이라는 것을 알 수 있는데, 실제로는 그렇게 결정적인 조건이라고도 할 수 없다.

아랍 국가의 상호협력을 목적으로 1945년에 창설된 아랍 연맹이라는 조직이 있다. 창설 당시의 가맹국은 7개국이었는데, 현재는 팔레스타인 해방기구(PLO)를 포함하여 21개국이며, 이 가맹국 국민들을 아랍이라고 부르기도 한다. 이것은 정치적 정의라고도 할 수 있는데, 그렇더라도 여전히 애매함은 남는다.

아랍 연맹은 아랍 국가의 협력체이며, 아랍 국가에서는 당연히 아랍어가 모국어일 것이다. 그러나 아랍 연맹국이면서도 대다수 주민들이 아랍어 이외의 언어를 사용하는 나라도 있다. 예를 들면 지부티·모리타니에서는 프랑스어를, 소말리아에서는 영어와 이탈리아어도 널리 쓰이며, 이런 나라들에서는 옛 식민종주국 언어의 유산이 크다.

이들 나라들이 아랍 연맹에 가입한 것은 1970년대 석유파워의 부흥기에 연맹측이 정치력 강화를 위하여 가맹국

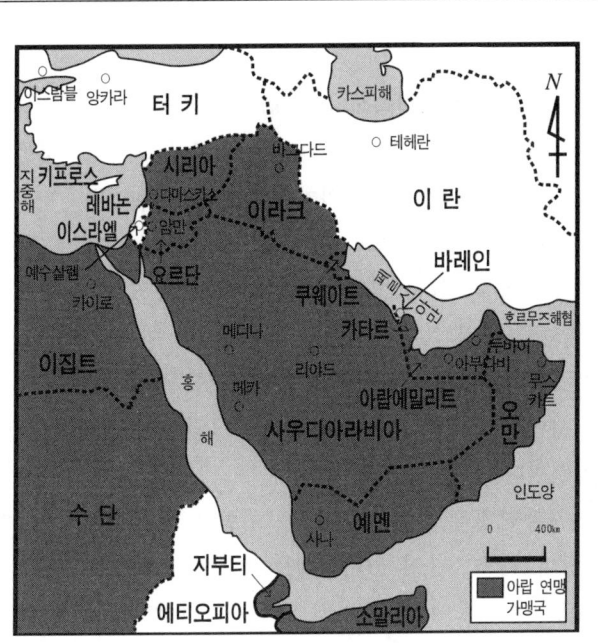

 아랍적 사고방식의 한 가지 특징은 '개별의 중시' 즉 개별주의이며, 그것은 문화면에 반영되어 있다. 예를 들면 아랍식 조형미술인 아라베스크 모양은 전체적인 구도나 원근법에 의해 만들어진 것이 아니라 세세한 요소들의 무한한 반복이다.

 그것은 또한 아랍어에 숫소·암소·들소와 같은 '복합·합성어가 없다'는 사실과도 부응한다. 즉 각각의 동물의 종류와 상태에 '각각 개별적인 말'이 있는데, 예컨대 낙타·사자·무거움을 표현하는 데 수백 가지의 명사가 사용되는 것이 그것이다.

획득을 위해 노력하자, 석유 자본의 원조를 기대하고 응한 결과이다.

문제는 주민의 의식이다. 아랍어가 모국어가 아닌 사람들은 아랍의 역사, 문화에 대한 일체감이 약하고 '자신이 아랍이다'라는 의식도 강하지 않으리라 추측된다.

본래 아랍어는 코란의 언어이며, 이슬람과 뗄래야 뗄 수 없는 관계에 있다. 그런데 시대의 변화와 함께 아랍어와 이슬람이 분리되고, 아랍어는 사용하지만 이슬람교도가 아니든가 이슬람을 신봉하면서도 아랍어를 생활어로 쓰지 않는 사람들도 나타났다. 그러한 사람들의 아랍 의식은 희박할 것이다.

아랍 연맹의 가맹 자격에는 '아랍의 대의의 신봉' '이슬람의 존중' 등이 있다. 때문에 이스라엘과 평화조약을 체결한 이집트에 대해 아랍 연맹은 '아랍의 대의를 어겼다'며 1979년부터 10년간 가맹국 자격을 정지시켰다. 여기에서 '아랍의 대의'란 '아랍이 추구해야 할 최고의 도의(道義)'이며, 구체적으로는 팔레스타인 자결운동에 대한 연대, 이스라엘과의 불명예스런 타협 거부 등을 의미한다고 할 것이다. 이라크가 쿠웨이트를 비난한 근거도 '변변하게 팔레스타인 운동에 대한 지원도 하지 않으면서 자국의 번영만을 꾀한다'는 것이었다.

그렇지만 아랍 연맹은 가맹 주권국가의 협력에 주안점을 두고 있으며, 이라크 바스당 정권이 지향하는 '통일 아랍 국가'에 전혀 구애받지 않는다. 더욱이 아랍 연맹과 이라크의 통일 아랍 국가는 모두 아랍의 결속을 지향하면서도 그 결속의 내용과 정도가 다르다. 국경을 초월한 이라크의 범아랍주의에 다른 아랍 국가가 뒤따르기 힘든 것도 그 때문이다.

　결국 아랍이란 민족적 개념이 아니라 역사·지리·종교·문화·정치에 의해 결정된 인공적 개념이다. 그렇기 때문에 단단하게 결속되기 어렵고, 아랍으로서의 통합이 부상하는가 하면 아랍 각국의 개별적인 국가의식이 돌출하는 등, 이후로도 결속과 분열을 되풀이할 것이다.

국가 없는 '쿠르드'

〈다이 하드〉는 한때 인기를 누렸던 미국 영화의 제목으로, '여간해서는 죽지 않는다'는 의미이다. 그리고 사람들은 '중동 세계에서 역사는 다이 하드다'라고 말한다.

금세기 초두에 서구 열강이 선을 그은 국경에 불만을 갖고 이라크가 쿠웨이트를 침공했을 때, 외부 세계는 '그렇게 해묵은 것을 새삼스럽게 꺼내는가' 하는 반응이었지만, 중동 사람들은 역사의 선명한 기억과 함께 살아가고 있다.

어쩌면 이라크보다도 현재의 국경에 불만을 가지고 있는 것은 쿠르드인일 것이다. 쿠르드인은 다섯 나라로 분산되어 있다. 터키, 시리아, 이란, 이라크, 구소련(주로 아르메니아 공화국과 아제르바이잔 공화국)이다. 인구는 800만이라고도 하고 1,600만이라고도 하는데, 전자는 각 정부가 추산한 수의 합계이고, 후자는 쿠르드인 자신들의 추계이다. 이처럼 그 추정 인구의 폭이 큰 것은 정부는 쿠르드 세력을 과소평가하는 데 비하여 쿠르드인은 그것을 과시하고 싶어하기 때문이다.

어느 쪽이든 이 숫자는 중동에서는 상당한 것이다. 이스라엘이나 요르단의 인구가 500만 이하이고, 시리아는 1,000만 정도, 이라크도 1,600만이다. 그러나 쿠르드인은 국가가 없다.

'쿠르드'라는 이름이 정착한 것은 이슬람이 탄생한 7세기 이후로 간주되고 있다. 그들은 대부분이 이슬람을 믿지만 아랍은 아니다. 십자군을 격퇴하고 예루살렘을 탈환한 살라딘은 12세기에 활약했던 쿠르드인으로, 일반적으로 '아랍의 영웅'으로 불리는 것은 그가 아랍군을 지휘했기 때문이다.

쿠르드인의 거주 지역을 무대로 싸운 오스만 튀르크와 사우디 왕조 페르시아는 17세기 처음으로 대략적인 경계선을 그었는데, 이것이 바로 쿠르드인의 분단의 시초이다. 쿠르드인의 민족국가 내지 자치구를 세우려는 운동이 일어났지만, 실현되지 않았다. 다섯 나라로 분산되는 이상사태가 발생한 것은 제1차 세계대전 이후, 열강이 제멋대로 국경선을 그은 결과이며, 이로써 이제 쿠르드인은 서로 교류하기 위해서는 몇 개나 되는 국경선을 넘지 않으면 안 되었다.

쿠르드계 터키인 일마즈 귀니가 감독한 영화 〈욜〉에는 분단된 쿠르드인이 국경에 대하여 적의를 보이는 장면이 있다. 터키의 쿠르드인이 시리아와의 국경 철책 앞에서 시리아에 사는 동포를 생각하면서, '이 국경이 있기 때문에 만나러 가지 못한다' '눈앞에 있는데도 넘어갈 수 없다' 라고 불만을 토로하는 것이다.

쿠르드인의 약 반수 이상은 터키에 거주하며 자치권 확

대를 요구하고 있는데, 터키 정부는 쿠르드인의 존재조차 인정하지 않고 '동부 터키인'이라고 부르며, 쿠르드어 교육도 금지하고 있다. 이란 북서부의 쿠르드인도 샤 시대 때부터 호메이니 혁명 이후까지 일관되게 자치 확대 운동을 전개하고 있다.

이라크 북부의 쿠르드인이 벌이는 자치 확대 투쟁은 비극적인 전개를 보여주었다. 1960년대 말부터 1970년대 중반에 걸쳐 그들은 이라크 정부군과 격렬한 내전을 벌였다. 그런데 당시 이란과 이라크는 샤토르 아랍 강을 둘러싼 국경분쟁이 점차 심각해지고 있었는데, 이라크 정부를 뒤흔들기 위해 이란의 샤가 쿠르드인에게 무기를 제공하였고 그러한 샤의 전술을 친소적인 이라크를 적대시하는 미국이 지원했던 것이다.

1975년 이라크 정부군은 힘이 다하여 크게 양보했고, 이란과 이라크 양국은 평화협정에 조인했다. 소위 아르제 협정이다. 샤로부터 무기 공급이 중단된 쿠르드인은 이라크 정부군의 총공격에 의해 괴멸당하고, 일부는 이란으로 도망쳤다.

쿠르드라는 민족집단을 둘러싸고 이라크의 내정, 이라크 대 이란의 지역적 대립 그리고 미국과 소련의 대립 등 갖가지 차원의 의도들이 겹치고 만나서, 쿠르드인은 장기에서 포(駒)의 역할을 강요당했던 것이다.

1980년에 이란·이라크 전쟁이 발발하자, 이란은 다시 쿠르드 게릴라를 조직하여 이라크 북부에서 바그다드 정부군을 공격하도록 했다. 그로부터 8년 후에 이루어진 정전

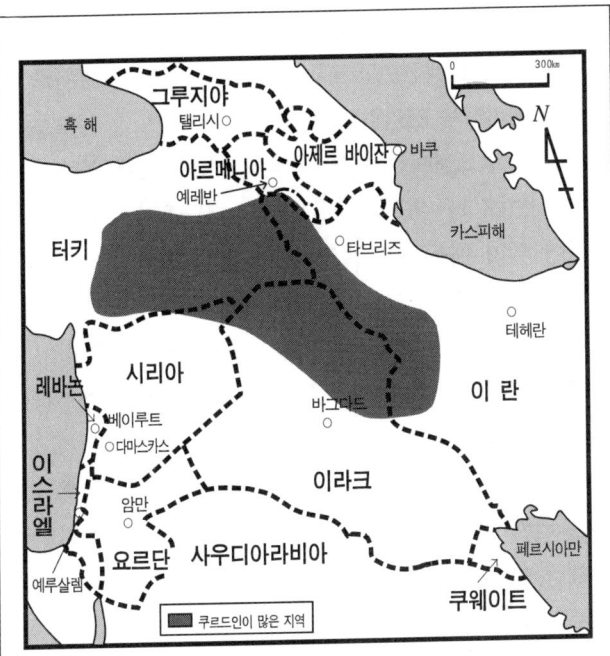

　이라크 정부는 쿠르드인에 대하여 '당근과 채찍'의 정책을 펼쳐 왔다. 부대통령 모헤딘 마알프, 일본 주재 대사였던 모하메트 아쟈프는 정부에 충실한 쿠르드인이며, 쿠르드인에 대한 온건 정책의 전형이다.

　아쟈프 대사가 북경 주재 대사로 옮긴 1986년, 당시 외교단장이었던 맨스필드 미국 대사는 이임식에서 '동경에서 가장 효과적으로 활동한 외교관'이라는 찬사의 송사를 했다. 이란을 두려워하는 미국이 이라크에 대한 지원을 강화하고 있던 시대에, 미국으로서도 구차한 '걸프에 대한 다각적인 외교'의 한 단면이었다.

직후 이라크 정부군이 가장 먼저 했던 것은 쿠르드인 게릴라에게 기지를 제공했던 쿠르드 마을을 독가스 병기로 깨끗이 없애버리는 것이었다.

그리고 걸프전쟁 후에는 미국이 쿠르드인을 부추겨 사담 후세인 정권 타도 계획을 진행시켰다. 다섯 나라로 분단되어 있기 때문에 통일적인 지도자도 없고 통일된 행동도 취할 수 없는 쿠르드인에게는 우선 이라크 북부를 빼앗아 '소(小)쿠르드 국가'를 수립할 수 있는 호기였지만, 힘이 없기 때문에 또다시 다른 힘에 의지하여 포의 역할을 할 수밖에 없다고도 할 수 있다.

이제 그들은 사담 후세인 군의 탄압에 쫓겨 도망쳐 들어갔던 터키·이란에서도 문을 굳게 닫아버려, 혹한의 산악 국경 지대를 유랑하는 난민이 되어버렸다. 그들은 아직도 비극의 민족으로 남아 있는 것이다.

팔레스타인인의 정체성

'팔레스타인인'이라든가 '팔레스타인 출신'이라는 말은 자주 들어왔지만, 도대체 '팔레스타인이란 누구인가'라고 물으면 대답하기가 간단하지 않다. 미국의 콜럼비아 대학 교수 에드워드 사이드(팔레스타인 출신)는 '팔레스타인은 기억 속에서만 존재한다'라고까지 말한다.

지리상의 팔레스타인의 범위는 시대의 변천과 함께 변화했다. 팔레스타인이라는 지명이 처음으로 기록에 나타난 것은 기원전인데, 오늘날 국제정치 상황에서 대두한 팔레스타인의 범위는 20세기에 들어와서야 고착되었다고 이해해도 좋을 것이다.

오스만 튀르크 제국의 지배하에서 시리아 또는 샴이라고 불리는 지역이 있었다. 그것은 거의 오늘날의 시리아, 레바논, 이스라엘, 요르단 그리고 이라크 북부에 해당한다. 그 샴의 남부, 즉 오늘날의 이스라엘, 요르단 부근을 팔레스타인이라고 불렀던 것이다. 팔레스타인에 거주하는 사람이 팔레스타인의 아랍 사람이며, 단순히 팔레스타인인이라고도 부른다.

제1차 세계대전 중 영국은 팔레스타인을 점령하여 국제연맹으로부터 위임통치권을 얻어 팔레스타인 가운데 요르단 강의 동쪽 지역을 트랜스 요르단, 서쪽 지역을 팔레스타인이라고 이름붙였다. 이로써 팔레스타인의 범위가 '수정'되었던 것이다.

제2차 세계대전 중 나치스의 박해를 피해 유럽에서 다수의 유태인이 팔레스타인으로 이주해 와 원주민인 팔레스타인인과 충돌했다. 전후인 1947년, 국제연합은 팔레스타인의 혼란을 수습하기 위해 이 지역을 유태 국가, 아랍 국가, 예루살렘 국제관리 지구 세 부분으로 분할하기로 결의했다.

유태인은 다음해인 1948년에 이스라엘 건국을 선언했으나 주변의 아랍 국가들이 이를 거부하여 제1차 중동전쟁(팔레스타인 전쟁이라고도 부른다)이 시작되었다. 그 결과 이스라엘은 국제연합의 결의에 의해 얻었던 팔레스타인의 56%에 해당하는 영토를 77%까지 확장할 수 있었다.

트랜스 요르단은 요르단 강의 서안 지구를 점령하여 병합하고, 국명을 현재의 요르단 하시미테 왕국으로 바꾸었으며, 이집트도 팔레스타인 남부의 지중해 연안에 면한 가자 지구를 점령했다. 즉 이스라엘, 요르단, 이집트가 팔레스타인을 세 개로 분할하여 지배하는 형태이다.

그리고 제3차 중동전쟁(1967년)에서는 이스라엘이 요르단 강 서안 지구와 가자 지구까지 점령했기 때문에, 영국이 팔레스타인이라고 이름붙인 지역 모두가 이스라엘의 지배하로 들어가 오늘에 이르고 있다.

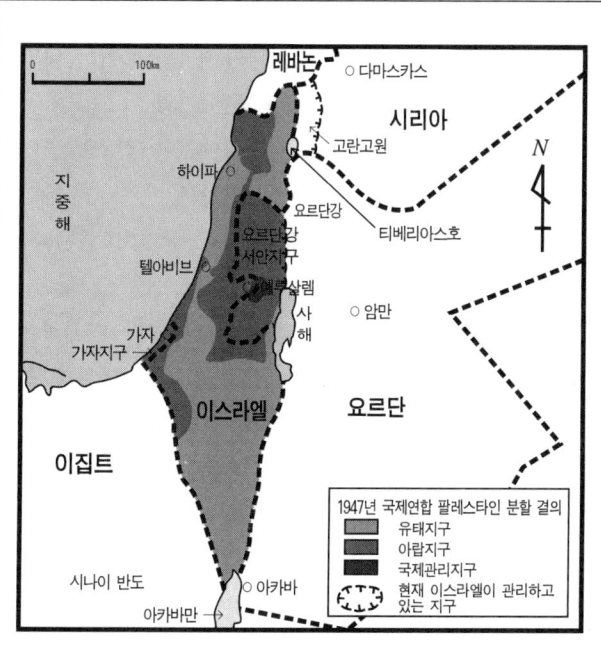

제2차 세계대전 종전 후 국제연합은 팔레스타인 지역을 유태국가, 아랍국가, 예루살렘 국제관리 지구의 세 부분으로 분할하여 안정을 꾀했다.
그러나 제1차 중동전쟁 이후 요르단이 요르단 강 서안지구를, 이집트가 가자 지구를, 이스라엘이 나머지 지역 거의 전부를 차지하였다. 또 제3차 중동전쟁 때에는 이스라엘이 요르단강 서안지구와 가자지구를 모두 점령하여 팔레스타인 지역은 사실상 이스라엘의 지배하에 놓이게 되었다.

이 혼란 속에서 팔레스타인인은 이산자(離散者)와 잔류자로 나뉘었다. 잔류자 가운데 제1차 중동전쟁이 끝나면서 이스라엘의 지배하로 들어간 사람들은 거의 이스라엘 국적을 취득했다. 그후 이스라엘 점령하에 들어간 요르단 강 서안과 가자 지구에 사는 팔레스타인인은 이스라엘 국적을 가진 사람, 요르단 국적을 가진 사람, 국적이 없는 사람 등 가지각색이다.

잔류한 팔레스타인인 가운데는 이스라엘의 지배하에서 미숙련 노동자가 되는 사람이 많아, 상류 유태인과 하급 팔레스타인인이라는 이중 구조가 형성되었다.

이산자는 주변 아랍 국가들이나 유럽으로 흘러들어가, '현대의 유랑 민족'이라고도 불린다. 그들의 '직업'은 난민생활자, 무장 게릴라, 세계 은행의 엘리트 관료, 미국의 대학에서 전자공학을 배우는 사람까지 실로 다채롭다. 페르시아 만안의 산유국에도 다수 거주하고 있으며, 카타르 정부의 차관, 쿠웨이트 정부기관의 과장, 교사, 언론인이 된 경우도 있다. 쿠웨이트에 거주하는 팔레스타인인의 다수는 걸프 위기 및 전쟁 때 이라크의 협력자로 간주되어, 정전 후 국외로 추방되어 요르단으로 이주했다.

팔레스타인인의 전체인구는 약 450만으로 추정되며, 이 가운데 이스라엘의 지배하에 200만 이상, 요르단에 100만 이상이 거주하고 있는 것으로 간주되는데, 중동 내외로의 이동이 격심하다.

잔류자가 피지배자 의식을 공유하고 이산자가 조상들의 땅에 대해 깊이 생각하는 것은 당연하겠지만, 그러한 과정을 통하여 팔레스타인이라는 정체성이 강해졌으리라 생각한다. 안주할 수 있는 팔레스타인 국가를 갖고자 하는 그들의 바램이 그들로 하여금 민족자결 운동에 나서게 하고 팔레스타인 해방기구(PLO)에 대한 충성심을 북돋운다.

국가 수립 때까지는 현재의 거주지에서 국적을 취득하고 그 나라에 일시적인 정체성을 아울러 갖는다. 아랍 세계 안에서의 이주는 용이하기 때문에, 말하자면 '변하기 쉬운 임시거처의 정체성'이다.

앞에서 언급했던 사이드 교수는 '팔레스타인은 정치적 경험, 인간적 경험, 나아가 끊임없이 이어지는 민중의 의지의 행위로서도 존재한다'고 말한다. 팔레스타인인을 둘러싼 상황의 핵심을 찌르는 은유이다.

기울고 있는 'WASP'

　미국의 이라크에 대한 군사 강압 작전에 대하여 유일하게 영국만은 흔들리지 않고 미국에 지지를 보냈다. 어째서 영국과 미국은 한편인가? 국익과 정세인식의 일치 이외에 '어차피 같은 앵글로색슨이기 때문'이라고 설명할 수 있을 것이다.
　다민족 국가인 미국에서도 앵글로색슨을 무시하고는 역사도 사회도 말할 수 없다. 특히 화이트 즉 백인(W), 앵글로색슨(AS), 프로테스탄트(P) 이 세 요소의 머리글자를 따서 WASP(와스프)라고 불리는 사람들을 지금까지도 미국인의 주류라고 보는 분위기가 미국에서는 상당히 강하다.
　미국 요리라고 하면 앵글로색슨 요리를 의미하며, 그 밖의 요리는 다른 민족의 요리로 간주된다. 와스프는 맨처음으로 대거 미대륙으로 이민와서 미국인이 되었다.
　미국의 제1회 국세조사는 1790년에 행해졌는데, 국민의 출신별 내역을 보면 영국계 61%, 아일랜드계 10%로 나머지와는 현격한 차이를 보이며, 앵글로색슨의 우세가 일목요연하게 나타난다. 원주민인 미국인(인디언)에게는 이

민족이었던 와스프가 마침내 스스로 미국인으로서 행동하며 인디오를 이민족적인 지위로 내쫓았는데, 그 과정에서 그들은 강렬한 선민의식을 가지고 후속 이민을 배척하기 시작한다.

후속 이민이 미국인이 되려면 와스프의 생활방식을 모범으로 삼아 경쟁하던가 일본계처럼 와스프에게 순종하면서 쥐 죽은 듯이 생활하든가 이 두 가지 외에는 다른 도리가 없었다. 즉 와스프의 생활방식이 곧 미국적 생활양식이 되고 와스프의 가치관이 곧 미국인의 기본적인 가치관이 되었던 것이다.

와스프의 중요한 가치관은 평등의식인데, 평등을 주도한 와스프의 역할 그 자체가 차별과 편견을 동반하였다는 것은 아이러니컬하다. 그 극단적인 모습이 KKK(Ku Kluk Klan) 운동일 것이다.

백색 의복으로 머리부터 발끝까지 전신을 감싸고 횃불을 치켜들고서 행진하는 KKK는 흑인·가톨릭·유태인 등 백인 프로테스탄트 이외의 사람들을 습격하고 그들의 사회 진출을 저지하려고 했다. 미국 영화 〈원스 어폰 어 타임 인 아메리카(Once Upon A Time in America)〉에서는 유태 이민이 와스프의 자기 방위의 벽을 허물기 위해 마피아 같은 폭력단을 조직하고 정계에 영향력을 확대하는 이야기가 전개된다.

KKK 운동을 일관되게 꿰뚫는 것은 와스프의 세 요소와 자신의 특권을 유지하려는 것 이외에 아무것도 아니다. 남북전쟁 후 흑인해방에 대한 대항운동으로서 결성된

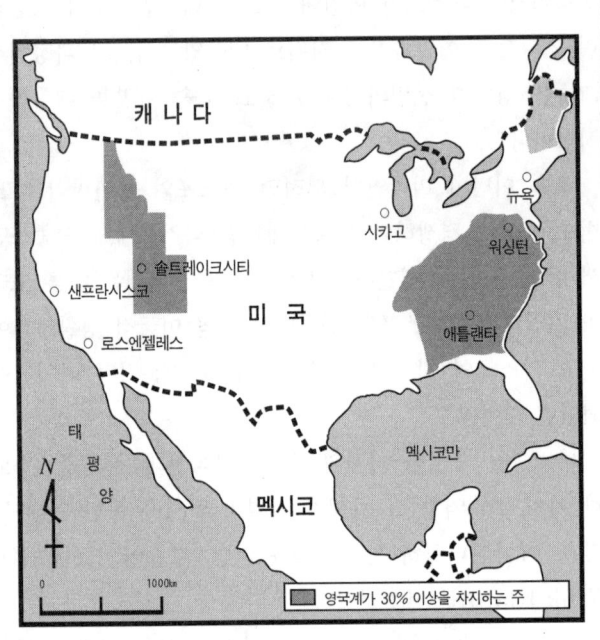

 와스프적 가치관에 '금욕'이 있다. 농담 가운데 '와스프의 집에는 바퀴벌레가 없다. 왜냐하면 먹을 것조차 없기 때문이다'라는 것이 있다. 남녀관계에 대해서도 엄격하다. 전형적인 와스프계 대통령이었던 부시는 바바라 부인과 쌓아올린 '가정의 가치'를 중시하고 '미국의 재생은 가정에서 비롯된다'라고 호소했으며, 임신중절을 반대했다.
 같은 와스프계 클린턴에게는 과거 화려한 여성 문제도 있고 임신중절에도 찬성했다. 그런데도 그가 대통령에 당선된 것은 미국 사회의 변질에 따른 와스프적 가치관의 후퇴를 상징한다고 할 수 있을 것이다.

KKK는 와스프의 지위가 위협당할 때마다 고개를 내밀었는데, 그 활동의 본거지는 항상 남부였다. 그것은 와스프의 거주지가 남부에 집중되어 있다는 사실과 정확히 일치한다.

그러나 다양한 이민의 증가와 그들의 권리 확대, 다른 민족 문화의 고양 등에 의해 와스프의 힘은 상대적으로 낮아지고 있다. 또한 와스프와 다른 민족의 결혼으로 인해 와스프의 순수성도 모호해져 '백인 프로테스탄트'라고 하면 서유럽이나 북유럽의 어디 출신이든 와스프로 간주하게 되었다. 1980년의 국세조사에서의 자기 신고에 의하면, 영국계는 겨우 22%로 크게 감소하였다.

와스프가 선거에서 의도적으로 투표행동을 통일하는 일은 거의 없지만, 폭넓은 암묵적 결속이 존재하기 때문에 특별히 정치운동을 할 필요도 없고 또한 그들의 귀속의식은 여전히 강고하다고 말할 수 있을 것이다.

아일랜드계이며 가톨릭인 케네디가 비(非)와스프로서는 처음으로 대통령이 되었던 1960년, '마침내 와스프가 아닌 대통령이 나왔다'는 비와스프측의 감동과 와스프측의 비탄이 쏟아졌다.

독일 출신의 백인이면서 유태계인 키신저가 국무장관으로서 화려한 외교경력을 펼쳤을 때에도, '만약 그가 와스프였다면, 대통령이 되었을 텐데'라는 소리도 있었지만 그와 동시에 '유태계인 주제에'라는 경멸의 반응도 있었다.

1988년의 대통령 선거에서 민주당의 듀카키스 후보가 패배하긴 했지만 그래도 선전했던 것에 대해서도 이전과 같은 감동과 비탄의 반향이 있었다. 그는 사실 소수 세력인 그리스계로 와스프와는 거리가 좀 멀었다. 당선된 부시 대통령은 전형적인 와스프였다.

와스프는 민족집단이라기보다는 오히려 선구적인 사업에 참여했던 공통 체험과 우월감을 강한 정체성으로 여기는 집단이라고 해야 할 것이다. 시대와 함께 선구성의 가치가 저하되고 와스프의 특권이 정통성을 잃는 것도 피하고 싶을 것이다.

유고슬라비아, 국가 분열의 행방

 구유고슬라비아의 수도 베오그라드 시내를 관통하면서 흐르는 도나우 강의 수상 교통은 과거 몇 번이나 단절되었는지 모른다. 대부분 강가에 살고 있는 많은 민족들이 서로 으르렁거리는 것이 그 원인이었다.
 전체주의의 테두리에서 벗어난 동유럽에서 이 나라는 국가 분열 제1호가 되었을 뿐 아니라 '복잡한 분열' '산란한 분열'을 야기하고 있다.
 베를린 장벽의 붕괴에 앞선 1989년 9월 동북부의 슬로베니아 공화국이 연방 이탈권을 인정하는 헌법 개정안을 채택했을 때, 이미 연방의 붕괴는 시작되었다고 할 수 있다. 1991년 6월에 슬로베니아 외에 크로아티아 공화국도 이에 가세하여 독립을 선언하자, 연방군이 두 공화국에 진격하여 이 나라는 내전의 소용돌이에 휘말렸다.
 그러나 연방정부의 중핵이었던 세르비아 공화국 자체가 연방 해체를 더이상 막을 수 없다고 판단하고, 1992년 4월 몬테네그로 공화국과 함께 새로운 '유고슬라비아 연방 공화국(신유고)'을 수립하였기 때문에 그때까지의 '유고슬라비아 사회주의연방공화국(구유고)'은 정식으로 소멸했다.

구유고의 국가 판도가 결정된 것은 제1차 세계대전 후인 1918년으로, 먼저 '세르비아인·크로아티아인·슬로베니아인 왕국'이라는 긴 이름의 통일국가가 되었다가 1929년부터 '유고슬라비아 공화국'으로 이름을 바꾸었다. 단 건국기념일은 티토의 지도 아래 연방제를 결정한 1943년 11월 29일로 삼고 있었다.

스무 개 이상의 민족이 살고 있기는 하지만 원래의 국명에 등장한 세 민족이 가장 유력하며, 각자의 이름을 가진 공화국들 사이의 싸움이 유고라는 국가의 분열 요인이 되어왔다. 티토는 각 공화국의 조화를 꾀했던 연방제로 새로운 국가가 건국되었다는 인식을 국민들에게 심어주려고 했을 것이다.

제1차 세계대전 후 최다수 민족인 세르비아인이 중앙집권적인 국가 통일을 추진하려고 했지만, 다른 민족들은 이에 저항하여 연방제를 주장했다. 제2차 세계대전 중 나치스 독일 침공군에 대하여 티토는 각 민족의 자주성을 존중하는 폭넓은 빨치산 저항운동을 조직하여 성공하고, 그러한 경험에 입각하여 국가체제로서 중앙집권제보다도 공산당이 주도하는 분권적인 연방제를 선택했다.

티토가 국제적 패권주의라고도 불러야 할 소련의 간섭을 배제하고 비동맹 노선을 추진했던 것도 국내의 분권연방제와 궤를 같이 하는 것이었다. 그러나 민주화의 물결을 타고 그 분권연방제조차 만족하지 못하고 독립주권국가를

　오스트리아 헝가리 제국 시대에 영화를 누렸던 크로아티아 공화국에서는 공산당 지배 아래서도 여전히 자유로운 예술문화 활동의 전통이 살아 있다. 자그레브 필하모니 오케스트라는 가까이에서 일어나고 있는 전화(戰火)에도 상관없이 연주 수입만으로 악단을 운영할 수 있었다.
　자그레브로 유입되는 피난민들은 거기에서 의외로 여유로운 평화를 발견하고 질투할 정도였다 한다. 그러나 1993년 초두부터 점점 높아지는, 국토를 방위할 의용병을 모집하는 소리는 자그레브가 자랑하는 '불가침성'을 유지하려는 결사적인 노력이기도 할 것이다.

요구하는 공화국의 편협한 민족주의가 일거에 분출했던 것이다.

구연방을 구성했던 여섯 개 공화국 가운데 남동부의 세르비아 등 네 개 공화국이 예전에 오스만 튀르크 제국의 지배를 받았던 데 대하여 남서부의 슬로베니아와 크로아티아는 오스트리아 헝가리 제국의 지배 아래 있었다. 바로 이 사실이 민족 분쟁의 성격을 결정하고 있다.

세르비아 등에는 발칸이나 이슬람 문명의 영향이 남아 있고, 슬로베니아와 크로아티아에는 서유럽이나 기독교 문명의 흔적이 명백하다. 동유럽의 민주화의 격류 속에서 슬로베니아와 크로아티아는 1990년 4월에 일찍부터 복수정당제에 의한 공화국 자유선거를 실시하고 공산당 정권을 매장해 버렸다. 그러나 세르비아에서는 그후에도 종래와 같이 공산당 정권이 여전히 존재했다. 세르비아의 공산 세력은 나치스를 과감하게 저지하고 소연방의 지원 없이도 권력을 확립하여 국가적 주체성을 유지해 왔기 때문에, 자신에 넘쳐 있었다. 유고에서는 자기 신고에 의한 민족별 인구조사가 이루어지고 있었는데, 특정 민족을 내세우지 않고 단순히 '유고슬라비아인'이라고 신고한 사람이 1971년의 2%에서 1981년에는 5.4%로 점점 증가하는 추세를 보여주었던 것은 공산당이 주도하는 국가통합이 진전되고 있음을 나타내는 것이었다.

그러나 경제면에서는 자주관리라는 독특한 사회주의 실험이 충분히 성공하지 못하는 바람에, 슬로베니아와 크로아티아의 유복한 북서부와 세르비아 등 낙후된 남동부 사이에 커다란 격차를 낳고 말았다. 그 결과 풍족한 북서부는 가난한 남서부와 손을 끊고, 자연스럽게 지리적·문화적으로 가까운 유럽공동체(EC)에 접근하려고 했으며 또한 독립을 하려는 경향도 보였다. EC도 1992년 1월 이 두 공화국의 독립을 승인했다.

구유고의 여섯 개 공화국 가운데 세르비아와 몬테네그로는 신(新)유고를 결성하고 슬로베니아와 크로아티아는 독립을 달성했지만, 남은 세 공화국의 운명은 간단하지 않았다.

먼저 마케도니아 공화국은 독립을 선언했지만, EC가 승인해 주지 않았다. EC가 승인하지 않은 이유는 마케도니아와 남쪽으로 접해 있으며 EC 가맹국이기도 한 그리스가 자국 내에 있는 마케도니아 지역의 이탈을 촉구할까봐 두려워하여 반대했기 때문이다.

보스니아 헤르체고비나 공화국도 독립을 선언하고 EC도 이를 승인했지만, 독립은 실현되지 않았다. 인구 440만은 이슬람 교도가 약 40%, 세르비아인이 약 32%, 크로아티아인이 약 18%로 구성되어 있는데, 세르비아와 크로아티아 공화국이 자기 민족을 보호하기 위하여 외부에서 무기를 보급하여 영토를 나눠 갖는 싸움을 벌이는 바람에, 국제연합이나 EC의 조정에도 불구하고 내전의 아수라장이 되었다.

흥미를 끄는 것은 최대 다수의 종교집단인 이슬람 교도가 하나의 민족으로 취급된다는 것이며, 이들은 '이슬람 민족' '무슬림 민족'이라고까지 불린다. 종교를 핵으로

한 유태 교도가 '유태 민족'으로 취급되는 사실과 비슷하다. 또한 분쟁 해결에 러시아가 관여해 줄 것을 요구하고 있는 것은 러시아가 대국일 뿐 아니라 이 지역의 주민은 남슬라브계이고 러시아인은 동슬라브계여서 민족적으로 유사한 요소를 가지고 있기 때문이다. 민족적 증오가 들끓고 있는 비극의 지역은 민족 연구의 보고(寶庫)이기도 하다.

아시아와 유럽을 잇는 '터키'라는 이름의 사람들

오늘날 터키족의 자취는 중앙아시아, 페르시아, 남아시아, 북아프리카, 인도 북부, 동남아시아, 유럽의 일부에 이르는 광범위한 세계에 이르고 있다. 소련방의 공중분해가 조심스럽게 이야기되고 걸프전쟁으로 중동의 구조가 격변해가고 있는 가운데, 특히 소련 남부에서 중동에 이르는 지역에 살고 있는 터키족의 역할이 주목되었을 것이다.

그들은 각지에서 여러 민족과 혼혈을 반복했기 때문에 명확한 정체성을 인정하기 어렵지만, 언어와 종교 두 가지 점에서 공통적인 특성이 있다. 언어는 알타이어계의 튀르크어, 종교는 이슬람이다. 터키 공화국에서 사용되는 터키어는 튀르크어의 일종이다.

터키족이 대규모 집단을 이루어 살고 있는 곳은 중국의 신장웨이우얼 자치구, 구소연방을 구성했던 카자흐스탄·키르기스탄·우즈베키스탄·투르크메니스탄·아제르바이잔 그리고 중동의 터키 공화국 등이다.

터키족의 원류 및 그들이 확산된 루트에는 세 종류가 있다. 먼저 기원전 3세기경 바이칼 호의 남쪽에 튀르크라는 이름의 민족이 등장, 그 일부가 6세기에 중앙아시아 북부에 유목민의 제국을 세웠다.

두 번째는 그 유목 제국의 지배를 받고 있던 위구르족이 9세기에 남쪽 혹은 서쪽으로 이동하여 정착했다. 그들은 중앙아시아의 원주민족인 아리아인을 흡수하는 형태로 혼혈을 거듭하다가 다시 탄생하였으며 머지 않아 전파력이 강한 이슬람을 받아들였다. 그 결과 중앙아시아 일대는 '터키족의 토지'를 의미하는 투르키스탄이라고 불리게 되었으며, 10세기에 터키족 최초의 이슬람 왕조인 카라 한 왕조가 이 땅에 세워졌다.

세 번째는 중앙아시아에서 유목 생활을 하고 있던 터키족의 일부가 남쪽으로 이동하여 호라산(현재의 이란 북부)에서 셀주크 왕조를 건설하고 다시 서쪽으로 진출, 바그다드를 경유하여 발칸에 이르러서 오스만 튀르크라는 대제국을 건설했다. 오스만 튀르크는 제1차 세계대전으로 패전국이 되어 승리한 서구 열강에 의해 영토가 줄어들었으며, 그 후예들이 세운 터키 공화국이 바로 터키족이 주도한 유일한 독립주권국가로서 남아 있다.

유목민의 피를 이어받아서인지 터키족은 전투적인 기질이 강하다. 광범위한 확산이 가능했던 것도 그들의 군사력에 힘입은 바가 크다. 이슬람 세계에서 군사력을 중시하고 군인이 지배하는 전통도 터키족의 특성에서 기인한다고 한다. 한국전쟁에 국제연합군으로 참전했던 터키 공화국 병사들의 용감무쌍함도 유명하다.

터키족은 광범위하게 퍼져 있기 때문에, 예를 들면 유럽과 아시아의 접점에 위치한 터키 공화국의 주민과 중국 서부나 소련 남부의 주민은 같은 터키족이지만 거의 이민족에 가깝다. 터키 공화국은 북대서양조약기구(NATO)에 가입했으며, 국내 기지에서 미군기가 이라크 공습을 위해 이륙한다. 터키군은 NATO 내에서 미군 다음으로 그 규모를 자랑한다.

터키는 유럽공동체(EC)에도 가맹 신청을 한 상태다. 그 승인을 얻기 위해서라도 터키는 EC 국가들과 같은 걸프 정책을 취하지 않을 수 없었으며, 그렇기 때문에 이라크에 대해서는 명확한 대결자세를 보여주었다. 정부는 타산적인 측면에서 유럽 쪽으로 얼굴을 돌리고 있지만, 민중은 심정적으로 이슬람 세계로 향하고 있으며 이라크에 대해서도 동정적이었다.

정부도 이라크 쪽으로 얼굴을 돌리고 있기는 하지만, 그것은 미군의 공습으로 사담 후세인의 군사력이 괴멸하면 기회를 놓치지 않고 즉각 이라크에 진출하여 오스만 튀르크 시대의 영토를 조금이라도 되찾을 수 있지 않을까 하고 생각하기 때문일 뿐이다. 즉 정부와 민중 사이에 분열이 있는 것이다.

다른 한편 구소련 남부의 터키족 이슬람 주민도 이라크에 동정적이며, 이라크에 의용병 지원 움직임까지 있었다. 소련군은 남부에 비상경계 태세를 취했는데, 그것은 걸프 전쟁에 의해 자극받은 터키족 주민의 불온한 움직임을 억제하기 위해서였다. 연방국가의 테두리를 어떻게든 유지하려는 군부와 오히려 모스크바의 지배에서 벗어나 중동 이

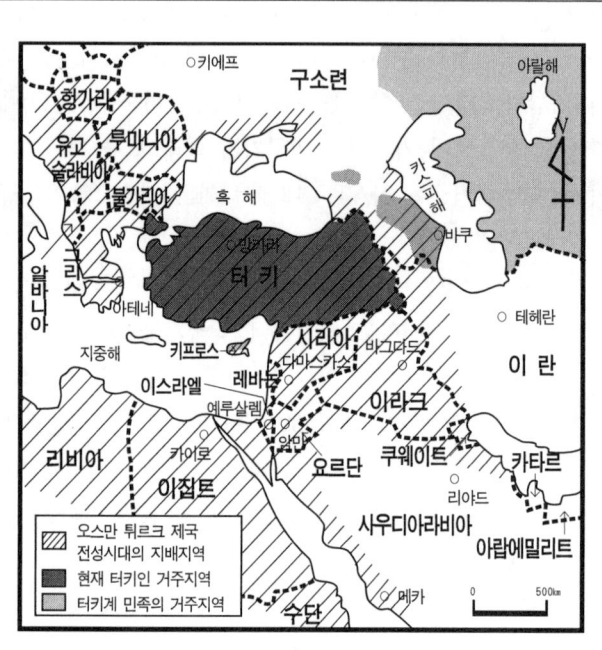

　아타튜르크는 '터키의 아버지'를 의미한다. 터키족의 주권국가 터키 공화국이 낳은 그는 터키 모자를 폐지하고 서구식 중절모를 강제로 쓰도록 함으로써 이슬람을 억제하는 입장을 분명히 보여주었다. 중절모를 쓰고는 얼굴을 바닥에 대고 엎드리는 이슬람 예배를 할 수 없기 때문이다.

　1980년대 중엽 내가 터키를 방문했을 때, 의회에서는 포르노 해금을 둘러싼 뜨거운 논쟁이 벌어지고 있었는데, 서구 근대의 가치관과 이슬람 세계의 전통적인 가치관의 상극은 간단히 해결날 것 같지 않았다. 그리고 지금 터키에서는 이슬람 세력이 눈부시게 대두하고 있다.

슬람 세계와의 정체성을 중시하려는 터키족 이슬람 주민 사이에도 분열이 생기고 있는 것이다.

장래에 만일 중앙아시아의 이슬람 지역이 독립국가 연합으로부터 이탈하여, 수천만 인의 비아랍계 터키족이 중동 세계로 귀속하게 되면 중동의 민족 구성은 변화하게 될 것이다. 그리고 중동의 안정 실현을 위한 작업은 더욱 복잡하게 될 것이다.

그루지야의 혼미

스탈린이 태어난 땅. 스탈린의 지배 아래서 비밀경찰을 지휘했던 국무장관 베리아가 태어난 땅. 페레스트로이카의 움직임이 싹텄던 땅. 그리고 '신사고 외교'의 주역이었지만 보수파의 반격으로 실각한 구소련 외무부장관 세바르나제가 태어난 땅. 그것이 그루지야 공화국이다. 정치나 사고가 역동적으로 약동하는 지방색이 엿보이는 곳이다.

구소련의 민족행정구획에서 단일 민족으로 이루어진 예는 없었다. 그 가운데서도 카프카스 지방의 민족 구성은 복잡하다. 대(大)카프카스 산맥과 흑해 사이에 있는 그루지야 공화국도 아주 복잡한데, 그 내부에는 세 개의 자치구역이 포함되어 있다. 아부하지아 자치공화국, 아쟈르 자치공화국, 남(南)오세티아 자치주가 그것이다. 이러한 조건으로 인해 발생한 민족문제는 발트 삼국처럼 단순하지가 않다.

타스 통신은 1991년 2월 24일 '남오세티아 자치주의 촌락에서 소총과 수류탄 등에 의한 전투가 있었으며 사상자가 발생했다'고 전했다. 그루지야인과 오세티아인 사이에 일어난 충돌이었는데, 1991년 초 2개월 간에 사망자가 서른 명 이상이 발생했다.

이전부터 그루지야 공화국은 소연방에서 독립하려는 움직임을 보여왔다. 이에 대해 남오세티아 자치주 의회는 1990년 9월 '그루지야 공화국으로부터의 분리'와 '자치주에서 공화국으로의 격상'을 선언하고, 소연방 안에 머물겠다는 의향을 표명했다. 그루지야 공화국의 인구는 약 545만(1989년)이며, 이 가운데 그루지야인이 약 70%를 차지하는 데 비해 오세티아인은 약 3%에 불과하다. 완전히 소수파인 오세티아인이 북쪽으로 인접한 북오세티아 공화국(러시아 연방공화국 안에 있다)과의 통합을 엿보고 있다는 사실은 분명하다.

그루지야 공화국 체제 내에 있는 한 자유가 없는 남오세티아 자치주는 소연방에 잔류함으로써 연방 당국의 협력을 얻고 동시에 오세티아 민족의 통합을 실현하겠다는 계산이었을 것이다. 그것이 실현되면 더 나아가 완전 독립을 이루고 싶은 바람도 어렴풋이 엿볼 수 있다.

한편 1990년 10월에 치른 그루지야 공화국의 최고회의 선거에서 그루지야 민족주의에 불타는 '원탁 그룹'이 공산당으로부터 정권을 빼앗아, 다음해 11월 '소연방으로부터의 독립 이행기에 들어간다'라고 선언했으며, 오세티나인의 반란을 무력으로 진압하고 12월에 남오세티아 자치주를 없애버렸다.

오세티아인의 일부가 이에 무력으로 대항하기 시작하자, 그루지야 공화국의 독립을 저지하고 싶었던 연방군부가 오세티아인을 지원하는 사태가 벌어졌다.

연방, 공화국, 자치공화국 또는 자치주라는 세 단계의 행정기구 안에서 분권이 제대로 이루어지지 않았기 때문에 그루지야 공화국은 소연방에 대해, 남오세티아 자치주는 그루지야 공화국에 대해 각각 차별당하고 박해받는다는 감정을 갖게 되었다. 그리고 독립을 향한 바람을 가지고 있는 그루지야 공화국의 내부에서는 남오세티아 자치주를 억압하는 모순된 구조가 발생했던 것이다.

그루지야 공화국과 남오세티아 자치주의 충돌에 앞서, 1989년에는 공화국의 수도 트빌리시에서 아부하지아 자치공화국의 그루지야 공화국으로부터의 이탈을 요구하는 집회를 열고 있던 민중들을 군이 무력으로 진압하여 다수의 사상자가 발생하는 사태가 벌어졌다. 무력의 사용을 반대한 세바르나제 전 외무부장관은 이 무렵부터 크렘린에서 고립되어버렸다고 한다.

얼마 안 되어 연방 유지를 위한 강경책을 부르짖는 보수파의 압력으로 실각한 세바르나제는 고향인 그루지야 국가평의회 의장에 취임하였고, 소연방이 붕괴한 후인 1992년 중반부터 유혈사태를 종결짓기 위해 분주하게 움직이고 있다.

그루지야 공화국의 땅은 옛날부터 그리스, 로마의 영향을 강하게 받았으며, 4세기에는 기독교가 널리 퍼졌다. 그 후 여러 민족이 자취를 남겼는데, 서부는 오스만 튀르크 제국, 동부는 이란의 세력권으로 들어가기도 했다. 터키와 인접한 아쟈르 공화국에서는 주민의 대부분이 이슬람 교도

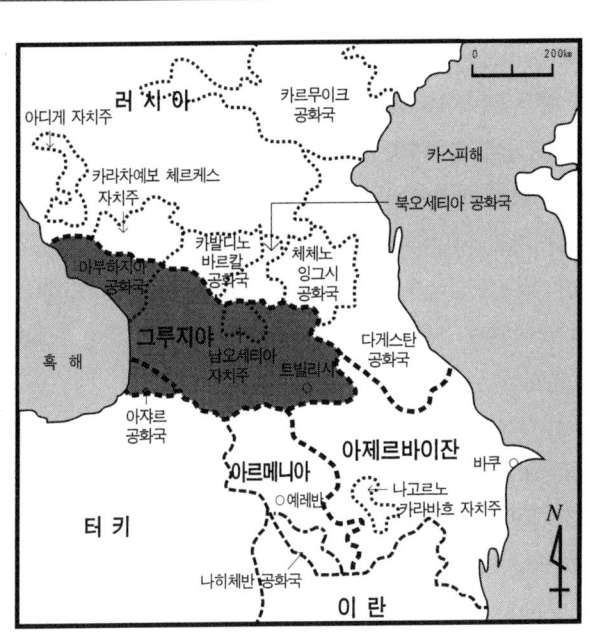

　독립을 요구하는 남오세티아 자치주와 이 자치주를 없애버리고 병합하려는 그루지야 공화국. 역사를 거슬러올라가는 쌍방의 주장은 다음과 같다.
　그루지야 측의 주장 : 오세티아인은 그루지야 민족주의를 억압하기 위해 1920년 이후 계속해서 들어온 이민이며, 남오세티아 병합은 그루지야의 역사적 원상 회복이다.
　남오세티아 측의 주장 : 1920년 당시 남오세티아의 수도 트핀버리에 분명히 오세티아인은 몇 세대밖에 없었지만, 그루지야인도 또한 없었다. 수도 이외에서는 오세티아인은 200년 이상이나 살고 있었다.

이다. 19세기 후반 이후는 그루지야 공화국 전역이 러시아 제국의 지배를 받았다.

'장수'와 아름다운 합창으로 알려져 있는 그루지야인은 독특한 문화를 가지고 있다. 그들은 독자적인 언어·종교·문화에 집착하여 민족의 자립을 이루려는 바람이 항상 두드러지게 나타나며, 혁명 후 스탈린에 의해 시작된 중앙집권 지배에도 여러 차례 민족주의적인 반항 움직임이 있었다. 레닌이 스탈린의 민족 억압정책을 비판했던 '그루지야 문제' 논쟁은 유명하다.

그루지야 공화국에는 전체 그루지야인의 96.5%가 집중되어 있으며, 이러한 집중도는 구소련의 다른 어떤 민족보다도 높다. 그러한 사실은 바로 그루지야인의 결속도를 나타낸다. 그러한 자립 기운이 고르바초프 정권에 이르러서 일거에 표면화되었는데, 구소연방의 민족문제의 전형적인 축소판을 그루지야 공화국에서 목격할 수 있다고 해도 좋을 것이다.

유랑민 집시

제2차 세계대전 중 아우슈비츠 강제수용소에서 세 명의 집시를 살해한 혐의로 전 나치스 친위대원이 1991년 1월 24일 독일에서 종신형 판결을 받았다. 걸프전쟁이 발발한 지 일주일밖에 지나지 않은 시점이기도 했기 때문에 이 사실에 주목하는 사람들이 많지 않았지만, 나치스에 의한 집시 절멸 정책을 처음으로 재판했다는 점에서 그 의미가 크다.

한편 1990년에는 독일 통일에 의한 민족의식의 고양을 배경으로 집시가 극우 젊은이들로부터 습격을 당하는 사태도 발생했다.

유태인과 나란히 '유랑민'으로 불리는 사회적·정치적 약자인 집시가 지금 구소연방 및 동유럽의 민족 분쟁이 불타오르고 있는 가운데 다시 각지에서 대규모 이동을 시작하여 새로운 파문을 일으키고 있다.

집시의 원류에 대해서는 수수께끼가 많다. 영어로 집시, 프랑스어로 지탄이라고 불리는 것은 그들이 이집트에서 왔다고 생각되기 때문이다. 그들 스스로는 자신을 로무·로마・로마니 등으로 부른다.

약간 검은 피부, 새까만 머리카락, 긴 치마의 여자점쟁이, 곰을 다루는 곡예사, 마차를 타고 가는 집단 이동, 플라멩코로 표현되는 비애와 환락의 음악 등 집시에게는 많은 전설적인 특징들이 있다. 11세기의 페르시아 시집 ≪샤나메≫에 집시로 추측되는 집단이 등장한다. 15세기에는 파리에 나타난 기록도 있다.

그들이 쓰는 로마니어와 인도의 산스크리트어가 비슷하다고 하여 지금은 인도 기원설이 유력하다. 아리아계인 그들은 11세기경 인도 북서부에서 서쪽으로 이동, 서아시아와 발칸을 경유하여 유럽에 이르렀다고도 한다.

집시의 인구는 유럽에 약 300만, 서아시아와 북아프리카에 약 200만, 남북 아메리카에 약 200만이며, 세계 전체에는 800만에서 1,000만에 달하는 것으로 추정된다. 특히 동유럽・발칸 반도・이베리아 반도에 많은데, 유고슬라비아・루마니아・헝가리・스페인 등에 각각 50만에서 100만 정도가 분포하고 있으며, 주요 도시에는 어두운 집시의 거리가 있다.

음악으로 생계를 꾸리며 정착하기도 하고 마차에서 고급 캠핑 카로 바꿔 타는 사람도 나타나 집시의 지위는 다양해졌지만, 대부분은 아직도 야경, 폐품 수집, 벽돌 쌓는 직인, 암달러상, 미장이, 말발굽 만드는 사람 등 저임금 노동으로 살아가고 있다. 경제 불황이 되면 가장 먼저 해고되는 것도 집시였다.

제2차 대전 중 나치스는 집시가 독일 민족의 피를 더럽

한다며 그들을 말살하려고 강제수용소 등에서 50만 명을 학살했다고 한다. 유태인과 달리 결속력이 없는 집시는 조직적으로 그들의 처지를 호소할 수 있는 기회도 가질 수 없었으며, 그 비극을 파헤쳐 밝힌 사람도 적었다.

1970년대에 결성된 세계 집시 연맹(본부는 바르샤바에 있다)의 노력으로 국제연합은 1977년에 각국 정부에게 집시의 인권보호를 호소하는 결의를 채택했다. 유럽에서도 마차나 캠핑 카의 주차시설을 정비하는 움직임도 있었다.

또한 나치스에 의해 학살된 집시의 유족들이 독일에 책임자 처벌과 보상을 요구하기 시작했다. 동유럽의 민주화와 독일의 통일 후 이러한 움직임은 더욱 활발해져, 헝가리나 체코슬로바키아에서 있었던 복수정당선거에서는 집시 정당을 결성하여 정치적인 권리를 요구하기에 이르렀다.

그러나 이렇게 해서 자기 주장을 강화하자마자 집시는 곧바로 다른 민족들의 반격을 받았다. 민족 분쟁을 피하여 러시아와 동유럽의 유태인들은 이스라엘로 향했지만, 집시는 안전과 생계를 구하기 위해 독일로 흘러들어갔다.

독일은 타인의 유입에 관대하여 기본법(헌법)에는 정치 망명자를 무조건 받아들이도록 명기하고 있을 정도이다. 1990년에 유입된 난민은 60만으로 추정된다. 그런데 집시의 이색적인 풍속이 마찰을 일으켜 극우 청년들의 습격을 받았다. 기본법을 개정하여 난민을 규제하려는 움직임도 나오고 있다.

프랑스에서 알제리인 노동자 배격을 부르짖는 우익이 대두하고 있듯이, 독일에서도 난민 문제가 용수철처럼 우

집시가 이동할 때 사용했던 포장마차는 좁은 내부에 난방기구를 포함하여 잡다한 가구가 가득 차 있다. 포장마차야말로 이동이 기본이었던 집시의 전통적인 생활을 상징해 준다.

미국의 배우이며 집시의 피를 이어받은 율 브린너가 초대 명예회장을 지냈던 세계 집시 연맹이 집시의 깃발을 만들었는데, 기의 중앙에 마차의 바퀴가 있고 윗부분은 청색, 아랫부분은 녹색이다. 화창한 날에 푸른 들판을 달리는 이미지이다.

익화 경향을 불러일으킬지도 모른다. 집시를 살해한 나치스 당원에 대한 유죄 판결은 집시에 대한 속죄의식을 돋우기보다는 그들에 대한 적의를 다시 자극하는 결과가 되었는지도 모른다. 통합으로의 움직임과 민족문제가 교차하고 있는 유럽에서 '국경 없는 민족 집시'의 존재는 다시 한 번 국가와 민족의 의미에 대해 질문을 던지게 한다.

티베트의 독립은 가능한가

 1991년 4월 5일 국제연합 안전보장이사회에서 쿠르드 민족의 인권 존중을 이라크에 요청하는 결의가 채택되었을 때, 상임이사국 가운데서는 중국만이 기권표를 던졌다. 티베트 문제라는 유사한 민족 분쟁을 안고 있는 중국으로서는 내정간섭적인 결의에는 적어도 찬성할 수 없었는지도 모른다.
 세계 각지에서 민족 분쟁이 잇따라 발생하고 있는 가운데, 중국은 특히 1991년 5월에 '해방' 40주년을 맞이한 티베트의 동향에 촉각을 곤두세우고 있었다.
 중국에는 56개 민족이 있는데, 인구로는 한족이 92%를 차지하고 나머지 8%에 해당하는 55개 민족이 소수 민족이면서도 전체 영토의 약 60%를 점유하고 있다.
 중국의 행정단위는 22개 성과 세 개의 직할시(베이징 · 상하이 · 텐진), 다섯 개의 자치구(내몽골 · 닝샤후이족 · 신장웨이우얼 · 티베트 · 광시좡족)로 구성되어 있는데, 소수 민족이 집중되어 있는 지역이 자치구로 되어 있다.
 다민족 국가인 중국의 역사는 최대 민족인 한족과 소수

민족들 사이의 협력과 대립의 역사이기도 하다. 더구나 소수 민족의 대다수가 중국의 주변부에 살고 있기 때문에, 공산 정권에게는 소수 민족과의 양호한 관계 유지가 혁명 방위의 중요한 열쇠이기도 했다. 인구 459만으로 소수 민족 가운데 여섯 번째로 큰 티베트족은 겉으로 보기에는 동아시아적인 특징을 가지고 있지만, 7세기에 최초의 국가를 형성한 이래 라마 불교에 의한 종교 지배를 기축으로 한 독자적인 문화를 길러 왔다. 그것은 '세계의 지붕'이라는 별명을 가진 평균 해발 4,000미터라는 외부와 단절된 지세 때문에 가능하였다. 티베트 지방은 사실 땅 위에 남아 있는 '마지막 비경'이었던 것이다. 그러나 중국과 인도 사이에 자리한 요충지이기 때문에 시대가 지남에 따라 외부로부터 다양한 간섭을 받아야 했다.

1904년에 영국군이 라사를 점령한 후부터 제2차 세계대전 후까지는 영국의 강한 영향 아래 있었는데, 1949년의 중국 공산당 혁명으로 상황은 격변하였다.

1951년 5월 베이징 정권은 무력을 배경으로 달라이 라마 정부와 17개조의 '티베트 평화해방협정'을 체결했다. 티베트의 정교일치 체제의 존속은 인정하지만 토지개혁을 포함한 대폭적인 사회개혁을 의무화한 것이었다.

이에 특권을 위협받게 된 지주·라마 승·귀족들이 한족에 의한 지배에 반발하여 조직적인 저항을 시작했다. 이는 1959년 라사에까지 미치는 대규모 동란이 되었다가 후에 중국 해방군에 의해 진압되었다. 달라이 라마는 인도로 망명하였고, 약 10만의 티베트족이 그의 뒤를 따랐다.

    워싱턴 D.C.의 달라이 라마 특별대표부는 클린턴 미국 민주당 정권의 중국·티베트 정책의 변화에 주목하고 있다. 나는 1992년 가을 대표부를 방문했는데, 미국 행정부나 연방의회에 폭넓은 인맥을 개척함으로써 강한 지지를 모으고 있었다.

    클린턴이 선거연설을 하면서 '중국 및 티베트'라는 표현을 여러 차례 사용했다는 사실에 그들은 크게 기뻐했다. 중국의 티베트 병합을 클린턴이 인정하지 않는다는 것을 시사했기 때문이다. 그러나 민주당의 이러한 인권 존중 원칙이 미국과 중국의 관계라는 현실에 부딪혔을 때 과연 흔들리지 않을지는 여전히 미지수이다.

국경 문제가 제자리걸음을 하고 있던 중국과 인도의 관계가 이것 때문에 갑자기 악화되어 1962년의 중국·인도 전쟁으로 발전했다. 그런데 인도에 우호적인 소련이 중국을 지원하지 않았기 때문에 이번에는 중소 논쟁을 자극하는 사태가 벌어졌다.

베이징 정권은 티베트에 자치구를 세우게 하고(1965년) 인민공사의 도입으로 농노의 해방을 진척시켰지만, 티베트의 식량 부족이나 기아, 강제적인 산아제한 보도는 끊이지 않고 있다. 문화대혁명(1966년~1977년)이 시작되면서 한족을 중심으로 한 홍위병(紅衛兵)이 티베트의 역사적 유산을 모조리 파괴해 버려 티베트족과의 사이에 깊은 민족대립의 상흔을 남겼다.

마오 쩌둥의 죽음(1976년)이 전기가 되어 베이징 정권과 티베트 사이에서 화해의 접촉이 시작되었지만, 고압적인 한족에 대한 티베트 민족주의의 저항은 약해지지 않았다. 티베트 동란 30주년인 1989년 다시 독립을 요구하는 대폭동이 일어났다. 베이징 정권은 혁명 후 처음으로 라사에 계엄령을 내려 진압했고, 1990년 5월까지 계속해서 계엄령 체제를 지속시켰다.

1989년 10월의 달라이 라마의 노벨 평화상 수상도 티베트족의 기운을 복돋워, 베이징 정권의 경계심을 유발했다. 1991년 2월에는 '달라이 라마 망명 정부의 스파이가 티베트 독립 깃발과 대량의 선전문서를 가지고 들어온' 사건도 적발되었다.

다섯 개 자치구 가운데 광시좡족과 닝샤후이족들은 한

족과의 동화가 진척되었지만, 신장웨이우얼·내몽골은 분리로의 지향이 강하여, 연쇄반응을 두려워하는 베이징 정권으로서는 티베트에 '독립의 의지를 버릴 것'을 강요하지 않을 수 없었다. 그러나 한편으로 달라이 라마라는 정신적 지주를 가진 티베트도 독립 후의 경제적 자립에는 자신이 없다.

덩 샤오핑의 '선진 지구의 후진 지구에 대한 경제 원조'라는 호소는 소수 민족 대책이기도 하다. 경제 자유화는 정치적 통제를 완화시키고 소수 민족을 이반(離反)하도록 하는 모순이 있다. '덩 샤오핑 체제의 종언이 티베트 독립의 최대의 전기'가 될 수도 있을 것이다.

히스패닉의 폭발

　1960년대 후반 미국의 수도 워싱턴은 흑인 폭동으로 황폐해졌다. 그리고 다시 1991년 5월 워싱턴에서 이번에는 히스패닉(스펜인계 시민)이 폭동을 일으켰다. 흑인 파워를 뒤쫓기라도 하듯이 히스패닉이 폭발하기 시작한 것이다.
　특히 캘리포니아, 텍사스, 플로리다 각지의 초등 학교는 영어와 스페인어 두 개 언어의 커리큘럼이 있다. 로스엔젤레스에서는 스페인어로 방송하는 텔레비전과 라디오 방송국이 열 개나 된다. 또한 마이애미의 번영은 쿠바 이민의 노력의 결정이기도 하다.
　1990년 미국 상무성 통계국의 조사 결과로는 공식적인 히스패닉의 인구는 2,240만으로 10년 전보다 53%가 증가하였다. 이민의 에너지가 활력이 되어 발전해 온 미국이지만, 1980년대에 들어와서 밀입국 이민이 급증하면서 새삼스럽게 치안과 인권 문제를 야기하였다.
　밀입국 이민의 수는 파악할 수 없지만, 약 500만이나 되는 것으로 추정하고 있다. 정규 허가를 받은 이민 수가 연간 50만 내지 60만이기 때문에 대단한 규모의 밀입국이다. 밀입국 이민 가운데 77%가 중남미 출신의 히스패닉으로, 멕시코계만 하여도 그 가운데 55%를 차지한다.

결국 정규 이민과 밀입국 이민을 더한 히스패닉의 인구는 약 2,700만이 된다. 그들이 신앙하는 가톨릭이 피임을 금하고 있기 때문에 인구증가율도 높아 로스엔젤레스의 공립병원에서 태어난 신생아 가운데 태반은 히스패닉이라고 한다.

밀입국은 동서로 3,000킬로미터에 달하는 미국과 멕시코의 국경을 통한 루트가 가장 활발하며, 밀입국하려다가 체포된 사람의 수가 1965년에 연간 4만 명이었던 것이 21년 후인 1986년에는 그 40배인 160만이 되었다. 체포되지 않고 입국한 자도 매년 증가하고 있는 것으로 보인다. 국경인 리오그란데 강만 넘으면 미국이고, 그들을 가로막는 철조망도 문자 그대로 구멍 투성이다.

히스패닉의 대량 유입은 멕시코의 석유경제의 붕괴 및 실업자의 증대와 시간적으로 일치하며, 실업자들은 자연히 풍족한 북방의 미국으로 향한다. 또한 캘리포니아에서 콜로라도, 텍사스를 포함한 지역이 멕시코령에서 미국령이 되어 현재의 국경선이 확정된 것은 1853년이다. 멕시코인으로서는 조상의 땅에 돌아온 듯한 편안함도 있을 것이다.

한편 미국에도 '위험하고 힘들고 더러운 3D'의 저임금 노동을 떠맡는 자로서 히스패닉을 필요로 하는 경제구조가 있다. 이러한 경제구조에서는 히스패닉 이민을 막을 수가 없다.

히스패닉 사회의 중심은 가톨릭 교회와 변호사 사무소

라고 한다. 스페인어로 설교를 하는 가톨릭 교회는 히스패닉을 위한 곳으로, 거기에서는 유럽풍의 장중한 오르간 대신에 경쾌한 기타 음악이 흐르고 '해방신학'으로 생기가 넘치는 정치가 이야기되며, 때로는 밀입국 이민을 몰래 숨겨주기도 한다.

변호사 사무소는 정규 이민의 노동조건의 개선을 도울 뿐 아니라 밀입국 이민의 '더러움'을 정화하고 그들의 인권과 거주권을 확보하는 상담을 한다.

히스패닉의 최종 목표는 폭동에 의해서가 아니라 평화적으로 권리 확대를 꾀하는 것이기 때문에, 어떻게 하면 정계에서 힘을 신장시킬까이다. 그것을 위해서 그들은 우선 유권자 등록 운동을 하고 있다. 미국에서는 시민이 스스로 자기 이름을 대고 등록하지 않으면 유권자가 될 수 없으며, 정치적인 권리를 행사할 수도 없다. 바로 그렇기 때문에 히스패닉의 신분 보증을 위하여 변호사 사무소가 활약하게 된다.

연방의회에도 히스패닉 의원이 등장하고 있다. 흑인과 마찬가지로 히스패닉 정치가 가운데도 민주당원이 많다. 그것은 가난한 히스패닉 민족 집단이 복지를 중시하는 민주당에 미래를 걸고 있기 때문일 것이다.

당연히 대통령 선거에서도 히스패닉이 영향력을 갖기 시작했다. 이전의 1988년 대통령 선거에서 부시 공화당 후보는 아들이 히스패닉과 결혼했다는 사실을 강조하였으며, 듀카키스 민주당 후보도 텔레비전에서 스페인어를 구사해 보였다. 히스패닉 표를 겨냥한 연기이다.

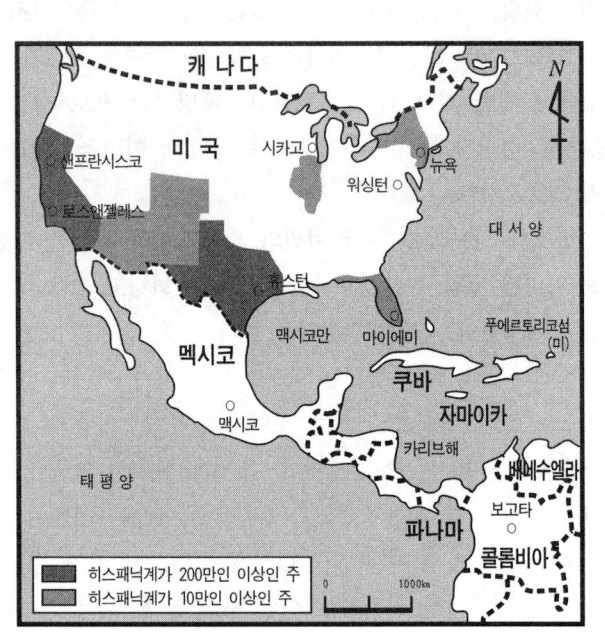

　45세의 나이로 클린턴 정권의 주택도시개발청 장관에 임명된 H. 시스네로스는 신장 190센티미터에 지적인 마스크를 가지고 있고, 또한 그의 동생이 음악가이기 때문에 지금까지의 히스패닉과는 전혀 다른 이미지를 백인들에게 주었을 것이다.

　그는 1980년대에 텍사스 주 세인트 안토니오 시장을 세 차례나 역임했으며, 전미국 시장회의 의장으로도 일했다. 시장 선거에서 백인을 포함하여 매번 90%의 지지를 받았다. 미국의 어떤 잡지는 그를 '상승 계급의 중심적 대변자'라고 평가했다.

1992년의 대통령 선거에서 나타난 히스패닉 표의 흐름을 보면, 클린턴 62%, 부시 24%, 페로 14%로, 약자의 구제를 호소했던 클린턴이 압도적인 지지를 얻었다.

　클린턴이 행정관리·예산국장이라는 요직에 레온 하네타 하원예산위원장, 주택도시개발청 장관에 헨리 시스네로스라는 히스패닉계의 유력한 정치가를 지명했던 것은 일종의 보답임과 동시에 4년 후에 치러질 대통령 선거를 의식한 포석이기도 했을 것이다.

　스페인어를 고집하면서 영어를 배우려고 하지 않는 등 전통적인 미국 문화를 배척하는 히스패닉은 중남미 세계가 북쪽으로 확대되고 있다는 의식을 가지고 있으며, 적응하려고 애쓰는 다른 민족과는 본질적으로 다르다고 할 수 있다. 인구가 흑인을 추월하여 백인 다음으로 제2의 민족 집단이 되는 것도 시간 문제인 그들은 미국을 근저로부터 변화시킬 원동력을 가슴 속에 숨기고 있다.

에티오피아의 '약한 고리'

17년간 계속된 좌익 군사정권이 붕괴하자 에티오피아의 스물네 개 민족·부족 정치집단은 1991년 7월 5일 수도 아디스아바바에서 열린 전국대회에서 각 민족·부족의 자결권을 인정하기로 결의했다.

다민족·부족 국가 에티오피아의 재건을 위해서는 부득이한 결정이라고도 할 수 있지만, 이것을 혼란의 시작이라는 두려운 시선으로 바라보는 사람도 있다.

에티오피아에서는 70개 이상의 민족·부족이 100개 이상의 언어를 사용한다. 따라서 '에티오피아 국민'은 존재하지만 '에티오피아 민족'이나 '에티오피아 부족'은 존재하지 않는다. 정체성도 부족 차원에서는 명백하고 강고하지만, 국민 차원에서는 희박하다고 할 수 있다.

유력한 정치집단은 에티오피아 인민해방전선(EPLF), 티그레 인민해방전선(TPLF), 오로모 해방전선(OLF) 등인데, 모두가 아무하라족의 지배에 대한 반발을 주요 에너지원으로 하고 있으나, 어떤 민족이나 부족도 새로운 정치체제의 주도권을 장악하기는 힘들어 보인다.

기원전 7세기경 아라비아 반도에서 이민온 셈계의 아무하라족과 같은 셈계인 티그레족이 전체 인구의 30%를 차지하며 수도를 포함한 중앙 고원과 북부에 집중되어 있다. 지배 부족으로서 긍지가 높은 아무하라족은 피부가 갈색이고 미녀가 많기로 정평이 나 있다. 남부의 오로모족은 40%를 차지하는 최대의 부족으로 목축으로 생활한다. 동북부의 에리트레아에는 이슬람이 널리 보급되어 있다.

공용어는 아무하라어로 40% 이상의 주민이 사용하는데, 아랍어·영어·이탈리아어도 잘 통한다. 그것은 이 지역에 손을 뻗쳤던 유력한 세력이 누구인가를 시사해 준다. 유태인·인도인·그리스인·아랍인 정착자도 많다.

에티오피아의 역사는 사실과 전설이 복잡하게 뒤얽혀 있다. 1세기에 현재의 티그레 주 아크슘에 존재했던 아크슘 왕국은 기록상 이 나라에서 가장 오래된 왕조로서 확인되고 있다. 그러나 왕국이 탄생한 경위에 대해서는 두 가지 설이 있다.

하나는 셈계 이민의 활발한 활동에 힘입어 에티오피아 왕국으로 발전했다는 속설이고, 다른 하나는 성서에 등장하는 아크스마위의 자손이 일으킨 왕국으로 아크스마위의 아버지 에티오프스에서 에티오피아라는 이름이 나왔다는 전설이다.

아크슘 왕국은 융성했던 4세기에 기독교(고대 이집트의 기독교, 소위 콥트교)를 받아들였는데, 홍해를 사이에 둔 아라비아 반도에서 이슬람교의 진출이 왕성했다. 현재 기독교도는 전체 인구의 55%, 이슬람 교도는 약 40%로 추정된다.

　동서 교역의 중요한 위치에 있기 때문에 옛날부터 여러 세력이 출입하며 패권을 다투었는데, 성쇠가 부침하는 가운데서도 세계적으로도 드물게 장기간의 황제 정치가 여전히 계속되었다. 1952년 에티오피아와 구이탈리아령 에리트레아가 연방을 결성하여(1962년에 병합) 오늘날의 에티오피아의 범위를 확정했다. 그때까지의 에티오피아의 판도는 메네리크 2세(1899~1910년 재위) 시대에 형성된 것이었다.

　1916년 섭정을 받는 황태자가 되어 1930년에 즉위한 고 하이레 세라시에 황제는 '아크슘 왕국의 후예로 솔로몬 왕과 시바 여왕의 자손'이라고 자칭하였는데, 1974년 좌익 혁명으로 무너져 225대 2,000년 이상을 지속해 온 솔로몬 왕계의 황제 정치에 종지부를 찍었다.

　마지막 황제였던 하이레 세라시에 시대에 헌법 제정과 의회제의 도입 등이 실현되었지만 형식일 뿐이었고, 또한 국제적으로도 아프리카 통일기구(OAU)의 창설에 주력하여 명성을 높였지만 국민은 여전히 빈곤에 허덕였다. 그후에 등장한 좌익 정권도 토지개혁을 완전하게 달성하지 못하여, 1인당 국민총생산(GNP) 120달러(1988년)로 세계 최빈국이라는 오명에서 벗어나지 못한 채 1991년 5월에 무너졌다. 좌익 정권을 지지하고 있던 소련의 혼란도 치명적으로 작용했을 것이다.

　가장 강력한 정치 집단은 EPLF인데, 그들은 에리트레아가 주민들의 의지에 반하여 병합되었다고 생각하고

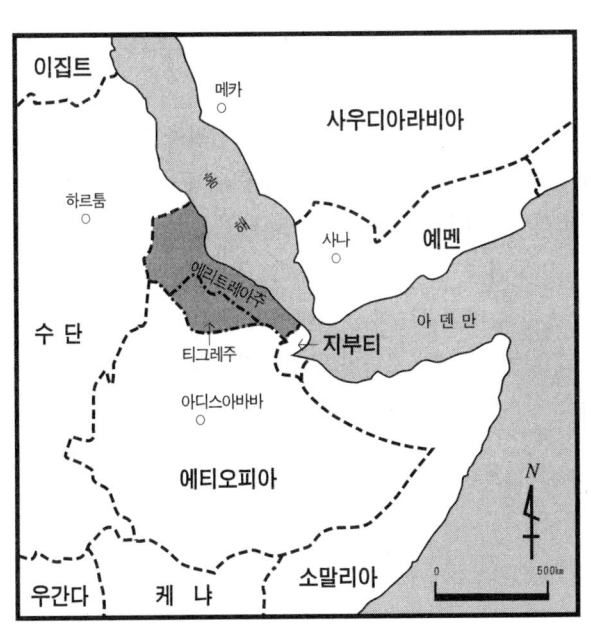

 에티오피아의 오늘날의 국가 재편을 촉구한 발단은 에리트레아의 분리 독립 운동이다. 1960년대 말에 에리트레아를 방문하기 위하여 나는 수단 동부 국경의 바위산을 기다시피하면서 넘었다. 하이레 세라시에 공군의 폭격을 피하기 위해 밤중에 달빛을 택해 낙타에 식량과 물을 싣고서 취재하러 가는 길이었다.
 마치 마라톤의 아베베처럼 민첩하고 재빠르게 호위했던 에리트레아 병사가 '금세기 중에는 독립할 것이다'라는 꿈을 이야기했었는데, 그로부터 4반세기가 지난 지금 그러한 전망이 확실하게 열리고 있다는 최신 정보를 들은 나로서는 감개가 무량하다.

1960년대 초부터 자치 투쟁을 벌여 왔으며, 그들의 동향이 에티오피아의 통합이냐 분해냐의 열쇠를 쥐고 있다고 해도 좋을 것이다.

 EPLF는 아랍 민족주의자들의 지원을 받고 있기 때문에, 중동 정세가 미묘하게 투영된다. EPLF의 진출을 본 이스라엘은 에티오피아에서 유태인 1만여 명을 탈출시켰다. 미국이 온건 정책을 수립하도록 막후에서 암약하고 있는 것은 상대인 사우디아라비아의 불안을 진정시키기 위해서일 것이다. 에티오피아의 지리적 위치가 외부 세력의 흑심을 불러일으키는 것은 예나 지금이나 변함이 없다.

키프로스를 나누는 '성벽'

　1991년 7월 후반에 그리스와 터키를 방문한 부시 전 미국 대통령은 같은 해 8월 2일 '키프로스 분쟁의 평화회의를 9월에 미국에서 열겠다'고 말했다. 그러나 관계 당사자 간의 조정이 이루어지지 않아 회의는 실현되지 않았다. 분쟁의 핵심은 그리스인 대 터키인의 4백 년이 넘도록 계속되어온 민족적 증오가 1960년 영국 지배 완료와 함께 분출한 것이다.

　셰익스피어의 희곡 ≪오셀로≫에 무어인 장군 오셀로를 영접했던 '키프로스의 항구'가 나오는데, 그것은 키프로스 섬 동부에 있는 항구 파마그스타를 가리키는 것이다.

　오셀로 탑을 남긴 파마그스타 성벽의 어두운 내부에는 약 7천 명의 터키계 주민들이 틀어박혀 살고 있으며, 성벽 밖의 근대적인 저택에는 그리스계 주민들이 살고 있다. 그리고 성벽 안에서는 '터키 부활의 아버지 케마르 아타튜르크 만세'를 외치고 있고, 성벽 밖에서는 '조국 그리스를 침략한 터키의 포학성'을 가르치고 있다.

　1970년대 초까지 키프로스 각지는 그러한 분위기였다.

키프로스 섬의 인구는 약 70만인데, 그 가운데 그리스 계와 터키계가 거의 4 대 1의 비율로 살고 있다. 섬 전체에 있는 약 600개의 도시와 시골에 그리스계와 터키계 주민이 두 파로 갈라져서 서로 적대시하면서 살고 있으며, 주민들의 마음에까지 성벽이 있고 경계가 있다.

그러한 이상 현상이 오래도록 지속될 수는 없었다. 1974년 그리스계의 쿠데타와 그것에 대응한 터키의 파병 결과, 섬의 63%에 달하는 남부 그리스계 지역과 37%에 이르는 북부 터키계 지역으로 분단되어 오늘에 이르고 있다. 터키계 지역은 1983년 11월 '북키프로스 터키 공화국'으로서 분리 독립을 선언했으나, 승인한 것은 터키뿐이다.

키프로스 섬에는 구리 광산이 많은데, 키프로스라는 지명도 '구리'를 의미하는 라틴어에서 유래했다. 터키에서 65킬로미터, 그리스에서 800킬로미터 떨어져 있어 지리적으로는 중동에 가깝지만 역사적·정치적으로는 오히려 서유럽에 가깝다.

키프로스는 옛날부터 이민족 지배의 역사를 밟아왔다. 기원전 2000년경 이집트 지배 후 페니키아인·그리스인·페르시아인·로마인·십자군·베네치아 상인 등이 교대로 들어왔는데, 1571년에는 오스만 튀르크가 점령하였고, 1878년에는 영국이 통치권을 손에 넣었다.

그리스인이 옛날부터 정착하여 살고 있었다면, 터키인은 오스만 튀르크의 점령 후에 이주해 온 신참자이다. 그리스계는 그리스정교를 믿고 그리스어를 말하며, 터키계는 이슬람교를 믿고 터키어를 일상어로 쓰는 등 풍속이나 습관까지도 다르다.

영국이 키프로스를 장악한 것은 수에즈 운하에 이르는 항로를 지키고 동시에 소련의 지중해 진출을 경계하기 위해서였다. 제1차 세계대전 후 다수 세력인 그리스계 주민들 사이에서 그리스와의 병합을 지향하는 '에노시스 운동'이 일어났으며, 그것이 반영(反英) 독립 투쟁과 하나가 되어 성장했다. 그리스와 터키가 그러한 움직임에 음으로 양으로 관여했음은 물론이다.

염원했던 독립을 달성한 1959년의 키프로스 독립보장협정(키프로스·영국·그리스·터키가 조인)에는 터키가 주장하는 '키프로스 분할'도, 그리스가 주장하는 '그리스로의 병합'도 모두 기각되었다. 그렇게 하는 것만이 키프로스의 통합을 유지하는 유일한 길이라고 생각했던 것이다.

그러나 주민들 사이에 오랫동안 누적되어온 증오는 소멸되지 않고 충돌이 되풀이됨에 따라 그리스의 병합욕과 터키의 분할욕이 지하에서 계속해서 불타오르고 있다. 그것이 마침내 폭발한 것이 1974년의 사실상의 분할로, 현재 남북 각각에 대통령제를 채택한 정부가 존재하고 경계에는 국제연합 평화유지군이 있다.

국제연합에서도 여러 차례 조정을 시도하였지만, 그리스계 대통령 아래 연방국가를 주장하는 남부와, 남북 두 개의 독립국가에 의한 느슨한 연합 내지 그리스계와 터키계에 의한 대통령 교대제를 요구하는 북부 사이에는 넘을 수 없는 장벽이 있다.

걸프전쟁에서 그리스와 터키가 모두 반(反)이라크 진영

　중동의 뉴스가 니코시아발(發)로 전해지는 경우가 많다. 일찍이 중동의 정보도시이자 정보기지였던 베이루트가 장기간의 내전에 돌입할 위험에 처해 있기 때문에, 정보기지가 니코시아로 옮겨진 것이다. 정보기지로서 이 두 도시의 성격은 판이하게 다르다.
　베이루트에는 중동의 중요 인물들이 빈번하게 출입하고 일차적인 정보들이 흘러넘친다. 그러나 니코시아에서는 각국의 라디오 수신을 통해 얻는 공개정보가 주류이다. 어느 쪽이든 선전용 정보와 진실이 혼재한다. 따라서 정보의 출처와 의도를 점검하여 옥석을 가리는 노력이 필요하다.

에 같이 참여하는 정치적 협조 분위기가 일자, 미국은 이러한 분위기를 이용하려고 했겠지만 그것으로 민족적 증오를 극복할 수 있을까?

비관론은 '그리스나 터키가 모두 북대서양조약기구(NATO)에 같이 참여했지만 그럼에도 민족적 증오 때문에 화해할 수 없었다'라고 하고, 낙관론은 '그리스의 미쵸타키스 수상은 특히 친미적인 경향이 짙고 또한 1990년 신미군기지 공여협정에 조인하였으며, 그리스 수상으로서 26년만에 미국을 방문했다'는 사실을 근거로 들고 있다.

'마법의 지팡이는 없다'면서 신중하게 발칸의 안정과 중동평화회의에 유리한 환경을 만들기 위하여 굳이 촉매 역할을 담당하겠다는 굳은 의지에 불타는 부시 정권이었지만, 결국 그 해결을 뒤로 미룬 채 퇴진했다. 그러나 구유고슬라비아 정세의 혼란으로 새로운 발칸의 위기가 염려되고 있으며, 중동 평화도 더 이상 진전되지 못하고 있는 현상에 비추어볼 때, 키프로스 평화의 효용은 대단히 크다고 해야 할 것이다.

오스트레일리아의 '방황'

 세계의 신문들이 소련의 쿠데타를 일면 톱으로 보도했던 1991년 8월 21일, 오스트레일리아의 2대 신문 ≪시드니 모닝 헤럴드≫와 ≪제 오스트랄리언≫의 일면을 온통 뒤덮은 것은 그 전날 의회에서 공표된 신년도(1991년 7월부터 1992년 6월까지의) 정부예산안 기사였다.
 국민들의 관심은 오로지 악화되고 있는 경제 쪽에 기울어 있었다. 신년도 예산안을 보면, 5년만에 재정은 적자로 돌아섰다. '사람들은 종교와 다름 없이 경제에 홀려 있어 문화 상황이 왜곡되고 있다' '돈 문제에 열중하여 국가의 정체성이라는 중요한 논의가 망각되고 있다'라는 한탄의 소리마저 들려온다.
 오스트레일리아가 러시아에 관심이 거의 없는 것은 남반구 국가라는 특성에서 연유한다. 러시아가 어찌 되든 자신들에게는 커다란 영향이 없다는 인식이 팽배해 있는 것이다. 1959년에 제작한 미국 영화 〈물가에〉는 제3차 대전의 핵 공포가 마침내 오스트레일리아를 덮치는 공포를 그리고 있는데, 여기에 깔려 있는 중요한 암시는 '소련의 위협이 미친다 하더라도 이곳은 지구상에서 제일 마지막이다'라는 의식이다.

1988년 오스트레일리아는 '건국 200주년'을 경축하였다. 1788년 영국의 A. 필립 해군대장 일행이 시드니 만 근처에 상륙하여 식민지 건설에 착수한 것을 기념한 것이었다. 일행 1천여 명 가운데 700명 이상이 유형을 선고받은 죄수들이었다는 점만 보아도 이 대륙을 '대지의 끝'으로 보았음을 알 수 있다.

그들은 영국의 가치관을 토대로 하여 앵글로 켈트(영국과 아일랜드)계 백인만으로 이루어진 신천지 건설을 꾀했는데, 그것이 백호주의(白濠主義)라 불리는 백인 지상주의를 강하게 했으며, 두 종류의 민족 문제를 낳았다.

그 하나는 4만 년 훨씬 이전부터 이 땅에서 독특한 문화를 전승해 왔던 원주민 아보리지니에 대한 박해이다. 백인은 스포츠 삼아 '아보리지니 사냥'을 했다. 식민지 개척 당시 약 30만이었던 아보리지니는 약 18만으로 절반이 줄어들었으며, 전체 인구 1,703만(1990년)의 불과 1%에 지나지 않는다. 아보리지니에게 시민권을 부여한 것은 1967년이며, '200주년' 기념 행사에 초청된 그들은 당연히 참가를 거부했다.

두 번째 민족 문제는 앵글로 색슨 이외의 이민과의 마찰이다. 1901년에 '오스트레일리아 연방'으로서 독립을 향한 발걸음을 내딛자마자 비유럽인을 규제하는 이민제한법을 제정했는데, 그것이 1960년대까지 계속해서 백호주의를 뒷받침해 주었다.

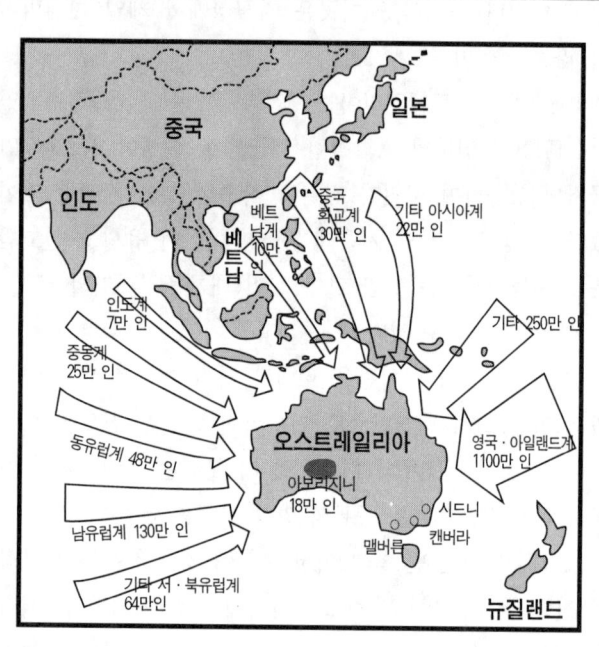

　오스트레일리아의 최고재판소는 1988년 12월 국내의 핵실험 피폭자에게 처음으로 보상금을 지급하라는 판결을 내렸다. 실험장은 대륙 남부의 말라링거와 에뮤, 북서부 앞바다의 몬테베로 섬 등인데, 1950년대에 영국이 핵실험을 하고 오스트레일리아가 장소와 요원을 제공했다.
　실험장 가까이에는 아보리지니의 거주구역이 있었는데, 그것을 알면서도 실험을 강행했던 것이다. 수많은 아보리지니도 피폭을 당했다고 믿고 있지만, 그들에게는 보상은커녕 그 실체도 파악되어 있지 않다. 이처럼 아보리지니 박해의 역사는 뿌리 깊다.

그러나 제2차 세계대전 후 경제발전기에 들어서면서 인재 확보를 위해 이민을 늘리는 정책이 취해졌다. 앵글로 켈트계 만으로는 수요를 충족시킬 수 없어 다른 서구인, 다음으로는 동유럽, 북유럽, 나아가 이탈리아, 그리스 등 남유럽이나 터키로까지 대상을 확대하고 베트남 난민 등 아시아계도 받아들였다.

오스레일리아가 전후에 받아들인 이민 수는 450만 이상이나 된다. 여전히 앵글로 켈트계가 전체 인구의 70% 전후여서 백호주의의 기초는 변하지 않았지만, 4%의 아시아계가 현재 증가일로에 있다는 것도 부정할 수 없는 현실이다. 1972년에 등장한 우이틀람 노동당 정권이 주장하는 '다원문화주의'는 백호주의의 종언을 지향하는 선언이나 마찬가지였다.

다원민족주의란 민족과 문화의 다양성의 가치를 인정하고 그 위에서 공생의 정책과 제도를 만드는 것이다. 각각의 민족과 문화의 특성을 유지하는 것을 전제로 하고 있기 때문에 '샐러드 볼 주의'라고도 불린다.

그런데 겉으로 보기에도 이질적인 아시아계의 유입은 문화적으로는 '유럽에서 벗어나 아시아로 들어서는' 대전환이며, 백인들 사이에 전통적인 아시아 경계론을 불러일으키고 있다. 이는 또한 아보리지니에 대한 인권 논의도 자극했다. 1980년대는 '오스트레일리아인의 정체성은 무엇인가'라는 국민적인 논의가 활발하게 일어났다. 경제적인 난항이 도화선이 되어 민족 분쟁에 불을 붙이지 않을까 하는 불안도 있다.

필리핀이 화산 폭발로 미군 기지를 철거한다는 소문이 나돌자 오스트레일리아가 즉각 대체 기지를 제공하겠다는 의사를 표시한 것도 경제를 타개하기 위한 실마리를 찾고, 동시에 해군을 증강하여 인도양에서의 패권욕을 조금씩 드러내고 있는 인도와 중국의 위협에 대응하고 싶었기 때문이다. 러시아의 위협은 그 그늘에서 후퇴해 버렸다.

아시아 위협론이 대두하게 된 원인은 실은 일본군의 다윈 폭격이며, 그것이 일본의 투자에 대해 환영과 반발의 상반되는 자세를 보여주는 배경이다. 안전보장을 위해서는 아시아를 경계해야 하지만 경제적으로는 관계 강화를 꾀하지 않을 수 없는 것이다. 이처럼 국가 정체성의 방향을 좌우하는, 갈수록 깊어지는 혼란의 시기에 지금 오스트레일리아는 처해 있는 것이다.

대러시아주의의 위험

전차에 올라타 주먹을 불끈 치켜든 백발의 옐친 러시아 공화국 대통령. 보수파 쿠데타에 대한 반격을 상징하는 그의 모습을 서방측은 영웅으로 치켜올렸지만, 그것은 러시아 민족주의의 대두의 상징이기도 하며 비러시아 민족에게는 위험한 위협으로 비쳤을 것이다.

'러시아'라는 호칭이 처음 사용된 것은 15세기이며, 그 이전에는 '루시'라는 이름이 사용되었다. 동슬라브계 민족인 러시아인은, 다채로운 혼혈 끝에 푸른색 혹은 갈색 눈과 밤색 머리카락이 특징이며, 제정 러시아에서나 소연방에서나 항상 민족국가의 주류였다.

압도적인 인구, 종교, 문화의 힘을 배경으로 제정 러시아 시대였던 19세기에 러시아 민족주의가 싹튼 이래, 소비에트 혁명이 음영을 드리우기는 했지만 러시아 제일주의 내지 러시아주의는 러시아 민족에게나 비러시아 민족에게나 항상 의식되어 왔다.

제정 러시아 아래서 압박받은 비러시아 민족의 불만을 혁명에 이용했던 레닌은 무엇보다도 러시아 공화국과 비러시아 공화국이 평등한 기초 위에 선 연방을 세우려고 했다. 그로써 모든 민족을 '민족의 감옥'에서 해방하려고 했던 것이다.

그러나 스탈린은 계획경제를 추진하기 위해 중앙집권화를 꾀하였고 러시아가 비러시아 공화국을 지배하는 '민족의 지옥'의 상황을 만들었다. 그 과정에서 '러시아 공화국은 형님'이라는 지배·종속의 연방 사상이 확립되었고, 비러시아 공화국을 납득시킬 수 있으리라 기대되었다.

스탈린을 비판했던 흐루시초프 시대를 제외하고는 '소련의 민족 문제는 완전히 해결되었다'느니 '모든 민족은 소비에트 인민이 되었다'고 하는 이데올로기 우선 논리가 고르바초프가 등장하기 직전까지 횡행했다.

그러나 오늘날 터져나오는 여러 민족들의 주장을 보면, 결국 소련은 '소비에트 인민'을 창조하는 데 실패했으며, 사람들은 여전히 러시아 민족이나 그루지야 민족 등 120개 민족 그대로인 채 살아왔음을 알 수 있다.

'러시아인을 한 꺼풀 벗기면 타타르인이 나온다'든가 '러시아에 대한 타타르인의 멍에'라는 말이 있다. 이것들은 러시아 민족과 타타르인 등 중앙아시아 민족들 사이의 혼혈 상태나 몽골 민족에 대한 러시아 민족의 피억압·피해자 의식을 보여주는 말이다. 그것은 러시아인을 둘러싼 민족 상황을 복잡하게 만든다.

독립국가 공동체를 구성하는 공화국의 하나인 러시아 공화국 자체가 원래는 약 100개의 민족을 포함하고 있으며, 민족을 기준으로 구성된 연방공화국으로서 열여섯 개

　아시아에서 유럽에 이르는 광대한 영토를 가지고 있으며 위협의 진원이 된 러시아 연방공화국. 그 최대의 약점은, 너무나 광대하여 국가의 통합 유지가 곤란하다는 것이다. 이미 수많은 작은 분열이 진행중이지만, 우랄 산맥의 동서 러시아로 크게 분열할 가능성에 대해서도 자주 거론되고 있다.

　그렇게 된다면 서러시아 공화국은 유럽성을, 동러시아 공화국은 아시아성을 보다 명확하게 할 것이다. 한국의 동해안 주변의 극동 경제권에서 역할을 담당하게 될 동러시아는 경제활동의 거점이 될 북방 영토를 오히려 고집할지도 모른다.

자치 공화국과 여섯 개의 지방, 마흔아홉 개의 주, 다섯 개의 자치주, 열 개의 자치관구로 이루어진 '아버지·아들·손자·증손자'와 같은 복잡한 구조를 이루고 있다. 그것은 스탈린 시대에 강제로 완성한 것이다.

그러나 각 행정단위 사이에는 민족적인 불신과 독자적인 행동이 끊이지 않는다. 타타르 자치공화국은 일찍부터 대통령제를 도입하여 옐친을 뽑은 러시아 공화국 대통령 선거를 보이콧했다. 부리아트 자치공화국은 러시아 공화국과 동등한 권리를 주장하며, 체첸 잉그시 자치공화국은 러시아 공화국에의 귀속을 거부했다. 코랴크 자치관구는 캄차카 주로부터 독립을 선언하였다.

그리고 1993년 2월 현재, 16개 자치 공화국은 모두 독립을 선언하고 공화국이 되었으며, 동시에 명칭도 변경되었는데 예를 들면 타타르 자치 공화국은 타타르스탄 공화국으로, 또한 체첸 잉그시 자치공화국은 체첸 공화국과 잉그시 공화국으로 분리 독립하는 등 대폭적인 행정 구획이 재편되었다. 러시아 연방정부는 이들 모두를 포괄하는 단일 연방을 유지하기 위하여 새로운 연방조약을 준비했지만, 조인을 거부하고 완전독립을 요구하는 공화국도 있다.

구소연방의 90% 가까운 원유를 산출하고 중공업 수준이 아주 높은 러시아 공화국의 경제발전의 향후 전망을 논의할 때, 이러한 민족문제는 심각한 마이너스 요인으로 지적되고 있다.

또한 러시아 정교회의 지도자가 갑자기 정치적인 발언을 하기 시작했으며, 러시아 민족주의 조직 '파먀티'도

과격한 활동을 전개하고 있다. 이는 모두 러시아 민족주의의 발로인 것이다.

그 최대의 피해자가 137만(1989년 인구조사)이나 되면서도 민족으로서 취급받지 못하는 유태인이다. 구소련에는 국적 외에 '민족적(民族籍)'이라는 개념이 있었다. 공식적으로는 '등록된 민족 수가 104개'라고 하는데, 그 가운데서도 유태인은 '민족적'을 부여받지 못했다.

러시아 공화국에서 벌어진 유태인 박해야말로 민족에 대한 정의가 거의 불가능한데도 이를 무시하고 '민족을 기준으로 한 국가'를 구성했던 구소연방의 인공성의 비극을 상징하는 것이었다고 말할 수 있을 것이다.

아프리칸·아메리칸

　부시 정권 아래서 주목되었던, 클라렌스 토마스 씨의 대법원 판사직 승인을 둘러싸고 의회에서 벌어졌던 논의는 흑인 여성이 흑인 남성 토마스를 성적인 혐오로 규탄하는 이상한 정경을 보여주었다.
　미국 최대의 소수 민족 집단인 흑인도 사회적 지위를 일단 확립하자, 백인으로부터 받는 차별의 철폐 외에 새로운 문제를 끌어안기 시작했다. 그들은 '흑인'이라는 이름 대신 '아프리카계 미국인'이라는 호칭을 보급하고 있는데, 이것도 유럽계 이민과 마찬가지로 피부색보다는 민족성을 전면에 부각시키려고 하는 새로운 의식의 표현으로 보인다.
　흑인의 새로운 문제 가운데 미국 사회를 뒤흔드는 듯이 보이는 것은 히스패닉(스페인어를 사용하는 중남미계)과의 경쟁이다. 미국의 1990년 인구조사에서 전체 인구비를 보면, 흑인 12.1%, 히스패닉 9.0%이다. 흑인과 히스패닉은 미국의 2대 소수 민족이지만, 21세기에 들어서면 곧바로 히스패닉 인구가 흑인 인구를 앞서리라고 전망하기 때문에 흑인이 기득권을 히스패닉에게 빼앗길지도 모른다는 불안감을 갖기 시작한 것이다.

이 두 세력의 감정적 마찰은 1991년 봄, 수도 워싱턴에서 불이 붙었다. 흑인 경관이 히스패닉 남성에게 발포하는 사건이 일어나자 히스패닉이 이틀 동안 폭동을 일으켜 이에 보복했던 것이다. 한편 마이애미에서는 히스패닉 경관이 자전거를 타고 가던 흑인을 살해했다고 하여 내려진 유죄 판결이 히스패닉의 반격으로 뒤집히자 이번에는 흑인이 폭동을 일으켰다.

흑인 세력이 우세한 워싱턴에서 불만을 강하게 드러내는 히스패닉과, 또 한편 히스패닉이 우세한 마이애미에서 반발심을 강하게 갖고 있는 흑인이라는 구도가 부상하고 있는 듯하다. 그러나 두 세력 모두 흑인과 히스패닉의 대립이 백인에게 이용당하지 않을까 염려하고 있다.

히스패닉의 추격을 받는 흑인의 앞에는 과거에나 지금이나 변함없이 백인이 가로막고 있다. 1863년의 노예 해방 선언 이후 흑인의 권리 확대와 백인의 반격이 되풀이되다가 19세기 말에 대법원이 '분리한다. 그러나 평등'이라는 원칙을 제시한 결과, 남부 여러 주에서는 음식점·화장실·호텔·공원·학교 등 사회의 구석구석에서 흑백 분리 제도가 깊숙이 침투하였다. 남부에서 굴욕을 받으며 눈물을 흘리던 흑인은 금세기 초두까지 전체 흑인 인구의 약 90%를 차지하고 있었다.

그들의 곤경와 무기력을 타개한 것은 전쟁이다. 제1차 세계대전으로 특히 유럽으로부터 미국 이민이 줄어들자,

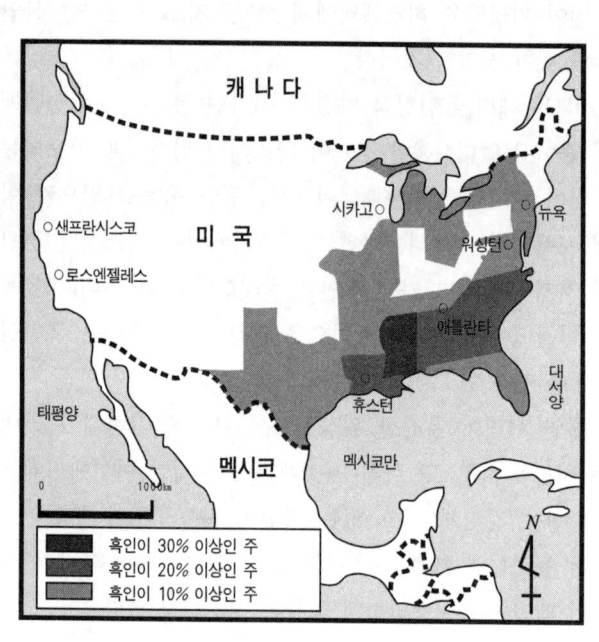

걸프전쟁의 정전 후, 미국 남부의 어떤 마을에서 흑인 파월 통합참모본부의장에게 강연을 의뢰하려고 했을 때 '파월의 본질'을 둘러싸고 대격론이 일어났다. 백인 부시의 지령으로 전쟁을 하고, 그가 많은 흑인 병사들을 희생시켜 전쟁을 지도한 공로자가 된 사실에 던지는 의문이었다.

여전히 흑인의 정체성을 가지고 '흑인 쪽에 머물러 있는 사람'인가, 아니면 미국 초기의 주류 이민인 앵글로색슨 집단에 동화되어 '백인 쪽으로 가버린 사람'인가 하는 것이 논의의 쟁점이었다. 결국 장군의 초청은 취소되고 말았다.

인력 부족으로 고민하던 북부 공업지대가 남부에서 흑인을 흡수했다. 그리고 제2차 세계대전 때에 참전했던 많은 흑인이 '자유의 전사'로서의 긍지를 자각하고, 귀국 후 미국 사회의 평등을 위한 운동을 시작했다.

최초의 성과는 공립학교에서 시행되고 있던 흑백 분리 교육에 대한 대법원의 위헌 판결(1954년)이었으며, 그것은 남부에서의 모든 합법적인 분리를 폐지하는 공민권법의 실현(1964년)으로 이어졌다.

현실의 차별은 여전히 남아 있었지만, 베트남 전쟁이 복잡한 효과를 낳았다. 흑인 병사들의 희생이 많았기 때문에 귀환한 흑인 병사들이 흑인 자유주의자들과 한편을 이루어 반전 운동과 인권 평등 운동을 함께 전개했던 것이다. 전쟁터에서 흑인은 백인과 평등했지만 귀환하면 슬럼가로 밀려났다. 그러한 생각이 무기에 익숙해진 흑인들을 과격하게 만들었다.

좌익의 흑인 무장집단 블랙 팬더(Black Panther)의 탄생은 그러한 움직임의 절정이라고도 말할 수 있다. 이리하여 1960년대의 미국 사회는 크게 동요하였으며, 워싱턴의 전통있는 위러드 호텔은 백인의 명예와 부의 상징으로서 흑인 데모대에 의해 불태워졌다.

1970년대 이후는 흑인 파워가 제도화된 시기로, 정치나 사회의 요직에 흑인들이 진출하였으며, 흑인 토마스 대법원 판사의 실현은 가장 최근에 일어난 한 예이다. 그러나 1980년대의 공화당 정권 아래 일어난 보수로의 회귀로 인해 흑인의 권리에도 약간의 미미한 변화가 생겼다. 1964

년에 제정된 공민권법은 '직장에서의 모든 차별을 금지하는' 규정에 따라 기업에 특정 인종의 고용을 의무화함으로써 거꾸로 백인을 차별하는 결과를 가져왔다. 그런 부자연스러움을 해소하기 위한 새 공민권법안이 1991년 10월에 공표되었다. 이것은 백인 중하층으로부터의 반격을 의미하며, 백인과 흑인의 관계도 점차 미묘한 조정기에 들어가고 있는 것이다.

걸프 위기 때는 파월 통합참모본부의장(흑인)이 정치적 해결을 주장하여, 부시 대통령의 군사적 해결 방침에 대해 흑인 여론의 지지가 백인들의 지지도보다 훨씬 낮았다. 이것은 다름아닌 전쟁으로 '소모'되는 흑인들의 불만을 표명한 것으로, 흑백 마찰의 가장 미묘하고 첨예한 측면이 거기에 있다.

그리고 걸프전쟁에 참가한 흑인 병사들의 대다수가 영웅 대접을 받으며 본국에 돌아왔지만, 그들 가운데는 직장도 없고 가정도 없어 부랑자가 되는 사람도 있다고 한다. 그러한 차별이 엄연히 존재하는 현실이 바로 로스엔젤레스 폭동의 눈에 보이지 않는 배경으로서 밑바탕에 자리하고 있었던 것이다.

탈유럽 지향성이 강해진 말레이시아

아시아의 경제권으로서 동아시아 경제회의(EAEC) 구상과 아시아 태평양 경제협력 각료회의(APEC) 구상이 서로 대항하듯이 부상하고 있다. 전자는 명칭에서부터 '아시아가 아닌 미국'을 배제하고 있는데, 그것을 제창하고 있는 것이 바로 말레이시아다.

말레이시아에 붙이는 수식어로서 '복합민족국가'가 사용된다. 전체 인구 약 700만은 말레이계(약 55%, 이슬람교, 말레이어), 중국계(약 35%, 불교·도교, 광둥어), 인도·파키스탄계(약 10%, 힌두교·이슬람교, 힌디어·우르두어)로 크게 세 갈래로 나누어지며, 가장 유력한 말레이계가 이 나라의 기본적인 성격을 형성하고 있다.

말레이 반도 남부와 칼리만탄 섬(보르네오 섬) 북부(사바, 사라와크)로 구성된 국토를 무대로 펼쳐진 민족들의 발전 과정에는 불분명한 점도 적지 않다. 말레이 반도의 고지대나 삼림지대에 사는 오란 아슬리(말레이어로 '원래부터 살고 있던 주민'이라는 뜻)는 인류학적인 추정으로는 3,000년보다 훨씬 이전에 중국 남부의 윈난성〔雲南省〕 방면에서 인도차이나를 거쳐 남하한 원주민이라고 한다.

그들의 일부가 나중에 들어온 인도인·샴인·아랍인 등과 혼혈하여 오늘날의 말레이인이 태어났다고도 한다. 혼혈을 하지 않은 오란 아슬리도 7만 명 정도가 남아 있으며, 정부의 특별 보호를 받고 있다.

식민지 시대에 포르투갈·네덜란드·영국이 진출했는데, 영국의 지배 아래서 스즈 광산의 개발을 위해 중국계 노동자 및 광산 기술자가 대거 유입되었으며, 또한 고무 농장의 노동력으로 영국령 인도에서 인도계가 대량으로 연이어 들어왔다. 세 개의 주요 민족으로 이루어진 복합국가의 골격은 이렇게 하여 만들어졌던 것이다.

말레이시아의 국민의식을 육성하는 데 가장 어려운 것은 말레이계와 중국계의 관계 조정이다. 곧 경제력을 장악한 중국계가 다수파인 말레이계의 지배를 감수할 것인가의 여부이다. 제2차 세계대전 중 일본군은 중국에 연대감을 갖고 있는 중국계를 탄압하고 말레이계를 우대했다.

전후 영국은 반도 부분을 독립시키기 위해 민족평등 원칙을 내세웠다가 말레이계가 이를 거부하자 방향을 전환하여 말레이계 우대 원칙을 세웠는데, 이번에는 중국계가 반발하여 반영(反英) 게릴라 투쟁을 불러일으키는 등 시행착오를 되풀이했다.

결국 말레이계의 주도 아래 중국계와 인도계의 온건 세력을 합쳐 1957년에 간신히 독립하기에 이르렀다. 라만 초대 말라야 연방 수상은 보루네오 북부와 중국계가 주체인 싱가폴까지를 포함한 말레이시아 연방 구상을 추진하여

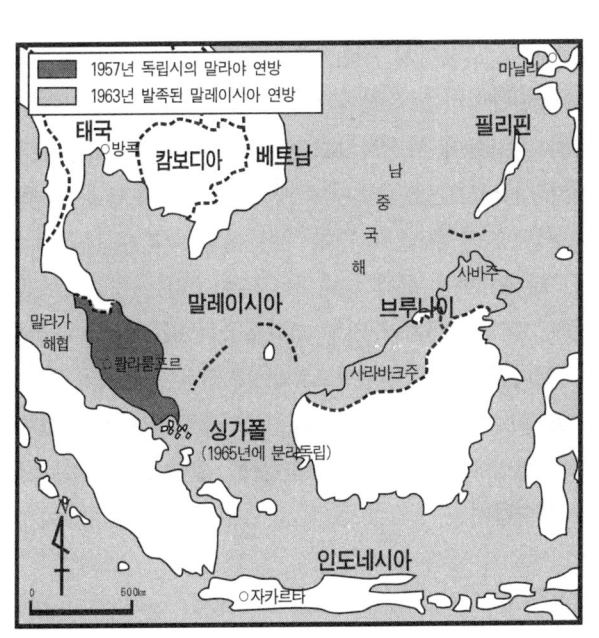

 1964년 말레이시아 연방정부의 초청을 받아 내가 이 나라를 방문했을 때, 연방의 일부였던 중국계 주체의 싱가폴은 그 다음해에 탈퇴, 독립했다. 싱가폴이 탈퇴하기 전에 말레이계의 정부 고관이 '경제력의 이탈은 가슴 아프지만, 중국계에 의해 지배될 염려는 사라질 것이다'라고 했던 말을 그 후에도 여러 번 회고하게 된다.
 말레이계의 마하티르 현 수상도 경제가 어려움에 봉착할 때마다 '중국계의 힘을 빌린다'고 말한다. 중국계는 불안하지만 필요하다는 사정은 여전히 변하지 않았다. 그러나 그러한 말레이계와 중국계도 탈서구라는 점에서는 일치한다.

1963년에 이를 실현시켰다.

이것은 말레이계 우위 체제를 확립하는 가운데 중국계를 끌어들이려는 목적이었지만, 2년 후인 1965년에 일찌감치 싱가폴이 이탈하였고, 1969년에는 말레이계와 중국계의 대규모 충돌이 일어나 사망자가 178명이나 발생하였다. 정부는 1970년에 '5대 기본 방침'이라는 것을 발표하여, 말레이계의 경제적 지위를 끌어올리는 방향으로 나아갔다. 경제적 격차가 민족 대립을 낳는다는 판단 때문이었을 것이다. 정부 공무원으로의 등용, 영업 허가, 교육비 보조 등에서의 말레이계 우대가 그 구체적 내용이었다. 그것은 헌법에서도 보장하고 있는데, 원수에 해당하는 국왕을 이슬람계 수장의 호선(互選)으로 결정하는 규정이 이를 상징적으로 말해 준다.

그런데 '말레이계란 무엇인가'하는 것이 아주 애매모호하다. 말레이어를 쓰고 이슬람교를 신봉하며 말레이계의 생활습관에 길들어 있어도 화교의 자손이라는 이유만으로 말레이계와 같은 편의를 제공받지 못하는 예도 있기 때문이다. 말레이계 우대와 인종 차별은 구별하기 어렵다.

1981년 마하티르 정권이 발족하면서 새로운 정체성이 첨가되었다. 역대의 말레이계 정치가가 영국 등 유럽이나 미국의 교육을 받은 데 비해 마하티르 수상에게는 그러한 경험이 없으며, 그가 전통적인 이슬람 세계 지향과 궤를 같이하는 탈구미 지향을 보여주기 시작했던 것이다. '룩 이슬람(이슬람을 보라)' 정책의 시작이었다.

라만 초대 수상은 퇴임 후 이슬람 국가회의의 초대 사무

국장이 되어 이슬람의 연대를 강화했다. 또한 걸프전쟁에서 미국이 이라크의 정전안을 거부하고 지상전투를 감행하자, 마하티르 정권은 '좀처럼 믿기 어려운 대응이다'라고 비난 성명을 발표했다.

EAEC 구상에 대해서도 'EC나 북미무역자유협정에 대항하기 위해 단결된 아시아의 발언권을 강화하자'라고 호소했다. 구미에 대한 대담한 도전을 통해 마하티르 정권이 은근히 기대하는 것은 다름아닌 국내의 민족간의 마찰 극복 효과인 것이다.

슬라브란 누구인가

 소연방 해체의 마지막 테이프를 끊은 것은, 1991년 12월 8일의 슬라브계 3개 공화국에 의한 공동체 창설과 연방 해체 선언이었을 것이다. 그후 우왕자왕한 움직임이 보여준 것은 강한 슬라브족에 대한 의존과 적의 그리고 슬라브 내부의 대립 이 세 가지 힘이었다.
 슬라브족은 유럽 최대의 민족이다. 1970년의 추계로는 슬라브 인구는 구소련과 동유럽에 약 2억 5,500만, 서유럽·미국·오스트레일리아 등에 약 1,000만이라고 한다. 그 가운데 약 70%가 구소련에 거주한다.
 그들은 여러 갈래의 슬라브어를 사용한다. 언어의 유사성이야말로 바로 슬라브 민족의 정체성을 구성하는 기본이다. 그러나 슬라브어는 비슷하기는 하지만 같지는 않으며, 그러한 차이가 슬라브족의 분화 상황과 맥을 같이 한다.
 슬라브 민족은 지역적으로 동·서·남으로 분류할 수 있다. 동슬라브어를 쓰는 동슬라브족(러시아인·우크라이나인·벨라루시인), 서슬라브어를 쓰는 서슬라브족(폴란드인·체코인·슬로바키아인), 남슬라브어를 일상어로 쓰는

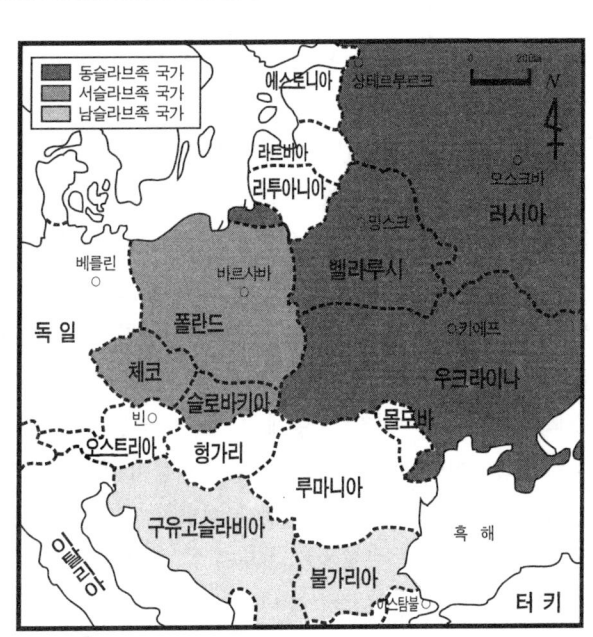

슬라브인이라고 하면 보통 러시아를 생각하게 되지만, 광대한 전체 슬라브 세계 속에서 보면 러시아는 동쪽 끝에 자리한 하나의 변종에 지나지 않는다.

음악·무용·종교·생활습관 등 슬라브 문화를 자세하게 관찰해 보면, 횡적인 공통 요소에 섞여 있는 수직적인 차이 요소가 극히 중요하다는 것을 분명히 알 수 있다. 그것이 유럽의 라틴 민족, 게르만 민족과도 미묘하게 다른 슬라브의 특징이다.

남슬라브족(불가리아인 · 세르비아인 · 슬로베니아인 · 크로아티아인 · 몬테네그로인 · 마케도니아인)이다.

슬라브족에서 세분화한 집단이 러시아 · 폴란드 등의 국가를 만들었다. 그것은 라틴계라는 커다란 울타리와 스페인 · 프랑스 · 이탈리아 등이 갖고 있는 관계와 비슷하다. 원래 슬라브어는 단일한 언어였다. 그것을 사용했던 슬라브족의 원류에 대해서 정설은 없지만, 그들이 오늘날의 우크라이나 서북부에서 벨라루시, 폴란드에 걸친 지역에 거주하였다는 것을 말해 주는 기원전 5세기의 기록이 있다.

2세기부터 중세기까지 사이에 이들 지역은 게르만인, 마자르인 등 이민족의 침입을 받아 주민들이 흩어지면서 동 · 서 · 남슬라브족의 세 갈래로 분화되기 시작했다. 그 사이 두 가지 루트로 기독교가 침투했다. 로마에서 가톨릭이 서슬라브로, 비잔틴에서 동방정교가 동슬라브로 들어왔으며, 남슬라브로는 두 가지가 섞여서 들어 왔다. 그리하여 가톨릭권에서는 라틴 문자를, 동방정교권에서는 킬 문자를 사용하게 되었다.

7세기 이후 각지에 슬라브 국가가 세워졌는데, 최초의 러시아인 국가로는 9세기 키에프(현재 우크라이나 수도)에 키에프 공국이 탄생한다. 슬라브 지역에는 그후에도 몽골이나 오스만 튀르크 · 독일 등 유력한 이민족의 침입이 잇따랐다.

그 결과 동슬라브족이 세 갈래로 분열(러시아 · 우크라이나 · 벨라루시)하는 등 슬라브족이 재분화하는 현상이 일어났으며, 키에프 공국에 대항하는 형태로 모스크바 중심의 모스크바 공국도 탄생했다. 그 무렵 이민족의 노예가 된 슬라브족도 적지 않았는데, 슬라브가 노예(slave)의 의미를 갖게 될 정도였다.

슬라브 내부에도 항쟁이 일어나 동쪽의 러시아와 서쪽의 폴란드가 패권을 다투어, 그 사이에 낀 우크라이나와 벨라루시는 피지배자의 역사를 걷기 시작했다. 우크라이나는 러시아와 폴란드의 지배를 받았으며, 벨라루시의 경우는 키에프 공국·리투아니아·폴란드·러시아로 어지럽게 지배자가 바뀌었다.

지배와 종속이 복잡하게 얽혀 있는 체험이 같은 동슬라브족의 성격에 차이를 낳았고, 방언에 독자적인 문법 체계를 갖게 하여 서로 다른 문화의 형성을 촉진함으로써, 삼자가 각각 다른 정체성을 갖게 되었을 것이다. 사람들의 정체성은 변해가는 것이지만, 민족이라는 울타리도 또한 애매모호한 것이라는 하나의 전형이라 하겠다.

16세기 이후 모든 이민족의 멍에에서 벗어난 러시아는 극동 시베리아까지 세력을 확대하여 19세기에 이르러서는 전체 슬라브의 정치 통합을 꾀하는 운동의 중심이 되었다. 이 범슬라브주의가 바로 러시아의 패권주의로서 비러시아계 슬라브족까지 위협했던 것이다.

동유럽 위성권의 이탈로 시작된, 러시아를 중심으로 한 구소연방의 재편 움직임을 역사의 장구한 시간 속에서 평가한다면, 19세기에 대두하여 제2차 세계대전 후에 완성된 웅대한 범슬라브 세계가 붕괴해 가는 과정이라고도 말할 수 있을 것이다.

이란의 내우외환

소련의 붕괴 후에 가장 역동적인 지정학적 변동의 흐름은, 남부 이슬람계 공화국이 중동 이슬람 세계로 귀속하는 경향일 것이다. 중동 이슬람 세계측이 그것을 강력하게 촉구하고 있고, 특히 이란은 북방과의 접촉 과정에서 일어날 수 있는 혼란에 대비하여 군비확장에 적극적으로 나서고 있을 정도이다.

현대 유럽어로 이란 또는 페르시아라고 불리는 이 나라는 국어인 페르시아어로는 '파루스'라고 불린다. 영어 국명인 페르시아는 1935년부터 이란으로 바뀌었다.

원래 그 범위는 고대 페르시아 제국의 아케메네스 왕조가 일으켰던 이란 남서부 파루스 지방뿐이었는데, 제국의 세력이 흥망성쇠를 거듭하면서 변화하였다. 페르시아어를 쓰는 민족들이 분포하는 중앙아시아를 포함하여 이란 세계라고 부르기도 한다. 그 이유는 오늘날에도 이란과 중앙아시아는 유사한 문화권을 형성하고 있기 때문이다.

유사한 요소의 밑바탕에는 바로 페르시아어가 있다. 언어학상으로는 인도·유럽어족의 인도·이란어파에 속한다. 시대에 따라 고대, 중세, 근세의 페르시아어에는 차이가 있는데, 오늘날 사용하고 있는 근세 페르시아어는 7세기의 이슬람 탄생 이후의 것으로 아라비아 문자를 사용한다.

페르시아어를 중요한 일상어로 사용하는 아리아 민족의 피를 이어받은 사람들이 이란 국민의 약 70%이다. 나머지 소수 민족은 인구의 증감이 격심했지만, 1970년대 말의 추정으로는 아제리인 12%(서북부), 쿠르드인 7%(아제리인 거주 지역의 남쪽), 아랍인 5%(남서부), 투르크멘인 1.5%(북동부) 외에 바르티인(남동부), 아르메니아인(테헤란 등의 도시 지역) 등으로 이루어져 있다.

아제리인은 국경선을 사이에 둔 아제르바이잔 공화국(구소련)에도 거주한다. 마찬가지로 쿠르드인은 국경을 사이에 둔 이라크나 구소련에도 분포하는 쿠르드인과 같은 계통이다. 이란의 아랍인이 이라크의 아랍인과 같은 부류에 속한다는 것은 말할 필요도 없다. 북동부의 투르크멘인은, 국경이 접해 있는 투르크메니스탄이나 아프가니스탄에도 같은 민족이 있다. 바르티인은 국경을 사이에 둔 파키스탄 서부에도 거주한다.

즉 이란이나 그 주변 국가들에는 여러 민족들이 국경을 넘나들며 분포하고 있다. 따라서 그들의 의식 가운데 국경의 벽은 낮겠지만, 또 한편으로 같은 나라 안에 공존하고 있으면서도 보이지 않는 경계를 의식하고 있다고도 말할 수 있다.

이란의 소수 민족은 페르시아어 외에 독자의 언어(쿠르

드어 · 아제리어 · 아랍어 · 아르메니아어 등)도 일상어로 사용하며, 일반적으로 복수의 언어를 사용한다.

다민족 · 다언어 · 다종교 국가인 이란 사람들에게서 상대적으로 유력한 정체성이라고 할 수 있는 것은 페르시아 의식과 이슬람 시아파 의식이다.

페르시아 의식이란 고대 페르시아 제국의 영광에 대한 기억이다. 이슬람 세계의 개막에 의해 그러한 의식은 후퇴했지만, 제2차 세계대전 후 팔레비 국왕은 왕조의 정통성을 높이기 위해 페르시아 제국과의 연속성을 일부러 강조하여 '위대한 페르시아 정신'을 선동하였다.

그 그늘에서 소수 민족의 주체적인 자기 주장은 억제되었다. 동시에 경시된 이슬람 세력의 격심한 반발이 1979년의 호메이니 혁명을 유발하였던 것이다. 호메이니 혁명은 좌익, 우익 그리고 대부분의 소수 민족을 모두 팔레비 왕조 타도의 통일전선으로 결집한 결과였다.

혁명이 성공하여 이슬람 국가 체제가 정착하고 지배적인 페르시아 정신이 또다시 쇠퇴하자, 소수 민족은 자치의 확대와 원심분리의 움직임까지 보이기 시작했다. 그러나 그것은 잠시 숨을 돌리는 것으로 끝났다.

페르시아 제국의 영광이 소수 민족의 목소리를 억눌렀듯이, 이슬람 시아파의 종교적 절대성도 소수 민족의 독자성을 봉쇄하는 힘을 가졌던 듯하다. 이슬람 신권 정치 아래서 종파의 차이는 논의의 대상이 될 수 있지만, 민족의 차이는 경시되어 민족 자치권도 존중받지 못했다.

그런 점 때문에 국경의 북쪽에서 일어나고 있는 민족 분

　1989년 봄 테헤란에서 개최된 '페르시아 만 학회'에 나도 초대를 받아 출석했다. 이 회의를 주최했던 이란 정치국제문제 연구소는 이란 외무부의 직할 기관이며 소장은 외무부 차관을 겸임한다.
　나는 '페르시아 만과 일본의 이해관계'라는 제목의 주제발표를 했는데, 각국 연구자들의 보고는 페르시아 만과 이란의 깊은 관계를 역사적으로 실증하는 것이 많았다. '페르시아 만은 페르시아(이란)의 세력권이었다'라고 하는 영광의 페르시아 제국에 대한 인식을 세계적으로 널리 확대하는 것이 이 학회를 주최한 목적이었을 것이다.

쟁이 날로 격화되고 있는 것이다. 특히 아르메니아 공화국과 아제르바이잔 공화국의 유혈 충돌은 국경의 남쪽에 있는 아제리인을 동요하게 할지도 모른다.

 아제리에는 터키 민족의 피도 흐르고 있기 때문에 이란과 터키에 의한 아제리 병합 투쟁이라는 위험한 분쟁 요인도 무시할 수 없는 점이다.

서유럽과 러시아 사이에서 동요하는 핀란드

  소련의 붕괴로 세계가 새로운 변화를 모색하고 있는 가운데 독일이 주도하는 '발트 연안 국가 평의회'의 창설이 제창되는 등 발트 해 연안 국가들의 움직임도 활발해지고 있다. 그 중에서도 중립을 지향했던 북유럽 3국, 특히 구소련과 긴 국경을 접하고 있는 핀란드의 서유럽 접근은 관심의 대상이다.

  핀란드인은 언어·인종상으로는 우랄계이지만, 사회적으로는 게르만 문화의 색채가 짙다. 이 구도는 동쪽의 러시아와 남서쪽의 독일이라는 2대 세력의 틈새에서 생존의 길을 탐색해 왔던 핀란드의 역사와도 맥을 같이 하는 것이다.

  6만여 개의 호수가 있고 국토의 70%가 삼림인 이 '호수와 삼림의 나라'에서는 인구 약 490만 가운데 93%가 핀란드어, 6%가 스웨덴어를 사용한다. 나아가 핀란드 최북단에 사는 2천 명 이상의 원주민 핀인은 라프어를 사용한다.

  하얀 피부, 청회색 눈, 금발이 상징적인 핀란드인의 원류는 핀란드어의 원류와 일치한다. 핀란드어는 우랄어족 핀 우고르어파의 발트 핀어에 속하는데, 이 파는 볼가 강 유역에서 발원하였다고 한다.

기원전 6세기경, 그 가운데서 원(原) 핀족이 된 집단이 서진을 시작하여 도중에 스오미족·에스토니아족 등으로 분열하였으며, 에스토니아족은 오늘날의 에스토니아에 정착하고 스오미족은 해로로 핀란드를 건너 핀인을 북쪽으로 내쫓고 정착하였다. 그렇다면 핀란드와 에스토니아가 짙은 혈연관계로 맺어져 있음은 명백하다.

12세기 중엽 강대한 스웨덴이 북방 십자군을 침공시켜 16세기에 핀란드 대공국을 수립, 러시아와 패권을 다투었다. 19세기 초 핀란드가 러시아 황제의 지배 아래 들어갈 때까지 군림했던 스웨덴의 유산은 지금까지도 짙게 남아 있어, 핀란드어와 함께 스웨덴어도 공용어로 지정되어 있을 정도다.

1917년의 제정 러시아의 붕괴로 핀란드는 간신히 독립하였다. 그러나 제2차 세계대전 중 소련과 두 차례에 걸쳐 싸운 경험이 있으며, 점령은 면하였지만 동부 카렐리아 지역을 소련에 떼어 줄 수밖에 없었다. 국민음악가 시벨리우스가 작곡한 곡 〈카렐리아〉에 담겨 있듯이 핀란드 국민이라는 감정이 강한 이 지역은 약 반세기 동안 카렐리아 자치공화국으로서 러시아 공화국에 소속되어 있었지만, 지금은 마침내 '자치'의 간판을 내리고 러시아와 느슨한 관계를 유지하면서 카렐리아 공화국으로서 독립을 확보하기에 이르렀다.

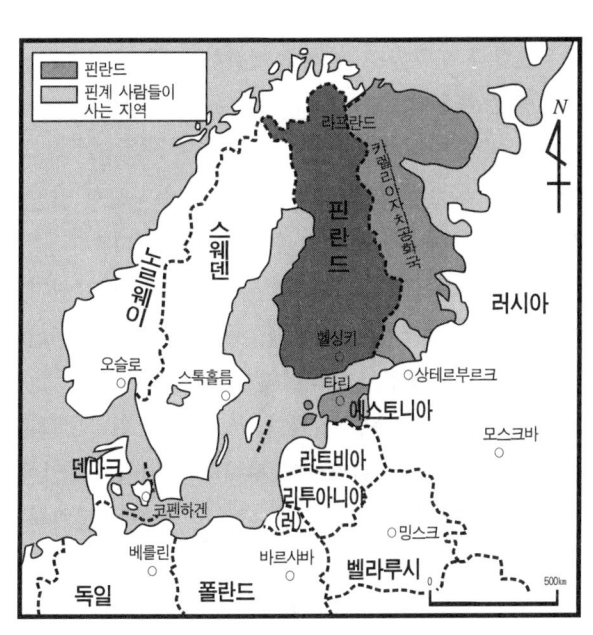

　핀란드가 자랑하는 하이테크 기업 '노키아'를 방문한 고르바초프는 첨담시설과 고부가가치 생산전략에 깊은 감명을 받았다.
　퍼스널 컴퓨터·카폰·컬러 텔레비전·전자제품 등이 판매의 주류인데, 근래에 자랑하는 것은 관광용 잠수함이다. 이미 북부 라플란드의 호수 외에 멀리 사이판 근해의 산호초 관광에도 취항하고 있다. 사고에 대비하여 정원 46명이 사흘간 호흡할 수 있는 공기저장장치도 장착되어 있다고 한다.

전후인 1948년에 서방측에서는 유일하게 핀란드만이 소련과 우호협력 상호원조 조약을 체결한 것은 우정 때문이 아니라 공포 때문이었다. 1950년대 초 케코넨 전 대통령은 다음과 같이 말했다.
　"소련군의 우세는 절대적이다. 그것을 정직하게 인정하는 것만이 우리 나라가 존속할 수 있는 열쇠이다."
　우호조약은 '중립'이라는 그럴싸한 표현을 내세웠지만 군사협력을 명시하고 있기 때문에, 동서 냉전기에는 '핀란드화'가 속국화의 대명사가 되었다.
　그러나 그후 예를 들면 헝가리는 '목표는 핀란드'라고 말하고, 고르바초프도 핀란드의 하이테크 기업 '노키아'의 시찰을 중시했다. 이제 '핀란드화'의 의미는 정반대가 되어 모범적인 존재로서 긍정적인 의미를 갖기 시작했다.
　1992년 1월 핀란드는 문제의 대소련 우호조약을 폐기하고 러시아와 근린협력조약을 체결했는데, 근린조약은 군사협력을 배제함과 동시에 전유럽안보협력회의(CSCE)의 중요성을 강조하였다. 개최지 핀란드의 수도 이름을 따서 헬싱키 회의라고도 부르는 이 CSCE야말로 서유럽에서부터 러시아까지를 포괄하는 안전보장체제이며, 핀란드로서는 가장 마음 놓을 수 있는 안식처일 것이다.
　한편 현 정권은 1994년까지 유럽공동체에 가맹할 것을 공약하였다. 핀란드 수출의 20%를 취급하였던 소련 시장의 붕괴로 초래된 경제 위기를 타개하기 위한 대안인데, 현재 실업률이 14%가 넘고 경기후퇴도 심각하기 때문이다. 문제는 EC 가맹이 서유럽과의 정치적·군사적인 일체화로 발전할지도 모른다는 것이다. 그것은 중립이라는 간판을 바꿔 닮으로써 국가의 정체성이 격변한다는 것을 의미하며, 이는 국민의 불안을 가중시킨다.

그들의 가슴 밑바닥에는 여전히 전도가 불투명한 러시아에 대해 갖고 있는 역사적인 공포감이 잠재해 있음을 부정할 수 없다. 러시아의 좌파 세력들 사이에서는 '핀란드 재병합'의 목소리도 들려 오고 있다. '러시아는 강해도 약해도 항상 위협'이라고 보는 핀란드로서는 러시아가 일시적으로 약체화한 것처럼 보이더라도 서유럽의 품으로 곧장 달려가지는 않을 것이다.*

---

*그러나 핀란드는 1995년 1월 1일부터 유럽연합(EU)에 가입하였다. 이책이 발행된 시점(1993년)에서는 많은 불확실성이 있었음을 양지바란다.(역주)

'스페인의 해'를 이용한 바스크 독립운동

전통적으로 원심 분리 경향이 강한 스페인에는 17개의 지방에 자치의회와 자치정부가 있다. 그 가운데 안다르시아 지방의 세빌리아에서 만국박람회, 카타르니아 지방의 바르셀로나에서 올림픽이 열린 것은 기억에 새롭다.

이 두 지방을 포함한 각지에서 근래 테러 사건이 빈번하게 발생하고 있는데, 범인은 바스크 지방의 일면적인 자치에 만족하지 않고 완전 독립을 요구하는 단체 '바스크 조국과 자유(ETA)'의 소행일 거라고 보고 있다.

베레모의 발상지 바스크는 스페인과 프랑스를 가로지르는 피레네 산맥에 연이어 있는 지역이며, 스페인측의 네 개 지구(비스카야·기프스코아·아라바·나바라)와 프랑스측의 세 개 지구(라브르·바스 나바르·스루)로 이루어져 있다. 스페인측에는 약 265만이, 프랑스측에는 약 35만이 살고 있다. 양자가 바스크 민족 자결 구상에 대하여 완전히 일치하고 있지는 않지만, 스페인측이 운동을 주도해 왔다.

'바스크 지방은 두 번 정복당할 위기를 피하고 한 번의 정복을 받았다'라고 말한다. 기원전 3세기의 로마군과 서력 8세기의 이슬람군은 물리쳤지만, 20세기의 프랑코군에는 굴복했다는 의미이다. 통합과 분리의 두 세력의 틈새에서 바스크인은 흔들려 왔던 것이다.

로마군은 스페인 북부의 무더운 산간부를 '바스코니아'라고 불렀는데, 주민들의 집요한 저항에 부딪혀 억지로 제압하지 못하고 '바스크'라는 호칭만을 남겼다. 바스크인은 로마군이 침입하기 이전부터 살고 있던 오랜 원주민으로 구석기 시대의 유적도 있다.

바스크인 자신은 바스크어를 에우스카라, 바스크인을 에우스카르두나크(에우스카라를 사용하는 사람들), 바스크인의 거주지역을 에우스카디라고 부른다. 스페인어나 프랑스어나 모두 인도·유럽어족에 속하는데, 바스크어만은 완전히 다른 독립적인 언어이다.

두 차례나 정복당할 뻔했던 위기를 피한 결과 바스크인들 사이에서는 자연히 정치적 자립의식이 자라게 되었다. 15세기 비스카야 지방의 '게르니카의 신성한 나무' 아래서 이루어졌던 '특권선언'이 바스크 자립의 상징이 되었으며, 바스크의 독자적인 문화가 외부의 간섭을 받지 않고 보존되었다. 바스크 지방이 철광산 등 자원이 풍부하여 경제적 '선진 지역'이었다는 것도 이에 기여했다.

그러나 이렇듯 행복했던 바스크 정체성도 19세기 전반 마드리드의 중앙집권 세력에게 제압당하여 종지부를 찍었다. 그리고 외부에서 인구가 유입되면서 바스크의 정체성은 희박해졌다.

크게 위기감을 느낀 바스크인들에게서 가장 먼저 바스크어의 보존을 요구하는 문화운동이 일어났는데, 이는 1894년의 바스크 민족주의자당(PNV)의 결정으로까지 발전했다. 그리고 1936년 마침내 염원하던 바스크 자치정부가 탄생하기에 이른다.

그러나 스페인 내전(1936~1939년)으로 공화국 정부군에 이어 바스크 자치정부는 프랑코군에게 쫓겨나 궁지에 몰렸으며, 피카소의 명화 〈게르니카〉의 소재가 되었던 나치스의 게르니카 무차별 폭격의 비극을 남기고 붕괴되어 갔다. 그것과 함께 바스크어가 금지되고 바스크의 독자성 자체가 부정되어 스페인으로 통합되어버렸다.

프랑코 독재체제의 가혹한 탄압은 바스크 민족주의 운동으로부터도 과격한 대응을 불러일으켜, 1959년에는 무장투쟁을 부르짖는 ETA가 결성되어 탄압과 테러의 응수시대로 돌입했다. 1975년 프랑코의 죽음으로 군주제가 부활되었고, 스페인의 민주화가 진척되면서 바스크에서도 1979년부터 자치가 되살아났다.

문제는 자치의 내용이었다. 1991년 5월의 통일 지방선거에서 1위를 차지한 PNV는 현재의 자치 체제를 인정하였다. 그러나 2위였던 바스크 대중연합(HB)은 사실상 ETA의 노선을 대변하는 정당인데, 계속해서 완전 독립을 부르짖고 있다. 3위는 PNV의 온건노선에 불만을 갖고 분열한 바스크 동맹(EA)으로, 자치권의 확대를 요구하고 있다.

ETA는 올림픽을 표적으로 테러 선언을 발표하였지만,

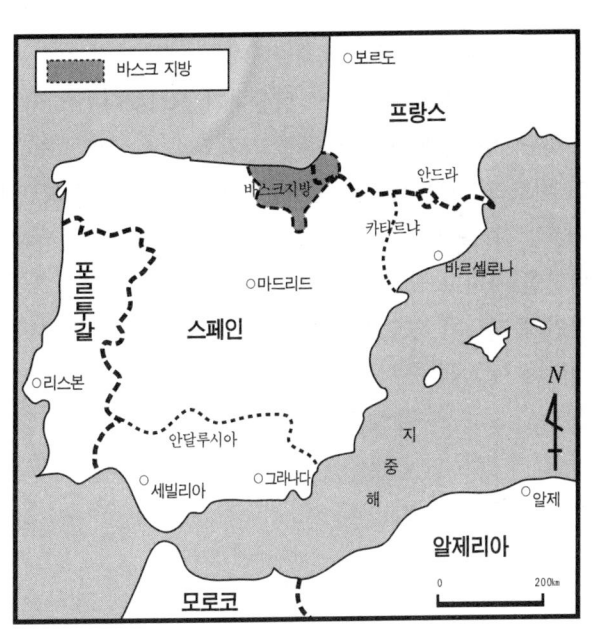

1930년대의 바스크 독립운동 지도자 호세 안토니오 데 아기레는 바스크를 다음과 같이 정의했다.

"바스크인의 기원에 대하여 확실한 것은 아무도 모른다는 것이다. 모든 학자들은 바스크에 대하여 각자 독자적인 학설을 가지고 있으며, 바스크인은 모든 인종의 선조라는 설도 있다. 요컨대 바스크인의 기원은 다름아닌 바스크인이라는 것이다. 어떤 학자는 바스크어에 대하여 '언어학자의 절망'이라고 말한다. 바스크어와 비슷한 언어는 세계 어느 곳에도 없으며 관계가 있는 언어도 없다. 세계에는 바스크어를 쓰는 사람과 쓰지 않는 사람 두 종류밖에 없다."

독립에 대한 전망은 복잡하다. 바스크에서 자라난 자본가들은 ETA에 투쟁자금을 제공하기를 꺼리고 있으며, 이윽고 바스크 이외의 지역으로 탈출하기 시작했다.

한편 유럽공동체(EC) 통합의 움직임 속에서 '유럽 속의 바스크'라는 새로운 정체성이 싹트고 있다. PNV에서조차 '바스크가 스페인에서 분리하여 EC에 가맹한다'는 비전을 가지고 있다. 바스크를 둘러싼 분리와 통합의 역동적인 움직임이 새로운 국면을 맞이하고 있다고 할 수 있을 것이다.

체코와 슬로바키아의 빌로드 분열

극작가이기도 한 민주 체코슬로바키아의 하벨 대통령은 1992년 4월에 일본을 방문하여 다음과 같이 역설했다.

"국가 통합의 최대의 적은 공산주의도 민족주의도 아닌 개인들 속에 있는 야심과 욕망이다. 시야가 넓고 유연한 지식인이야말로 정치적 역할을 요청받고 있다."

그로부터 2개월 후인 6월, 총선거를 거쳐 체코 민족과 슬로바키아 민족의 대분열의 방향이 명확하게 결정되었고, 3개월 후인 7월 하벨 대통령은 깨끗이 정권에서 손을 떼고 나왔다. 어째서인가?

분열하기 전의 전체 인구 1,566만(1990년) 가운데 같은 서슬라브계인 체코 민족과 슬로바키아 민족의 인구 비율은 62.9% 대 31.8%로 거의 2 대 1이며, 두 민족을 합하면 전체 인구의 약 95%를 차지했다. 같은 2대 민족이면서 '우세 의식을 가진 체코인' 대 '열세 의식을 가진 슬로바키아인'이라는 구도가 나라의 모든 면에서 나타났다.

때문에 두 민족의 융화가 공산체제 아래서도 국가 통합의 최대 과제였으며, 체코인이 당 서기장이 되면 슬로바키아인이 수상을 맡는 등 인구 비율에 기초한 권력분배제가 시행되었다. 파베르 대통령이 체코인이기 때문에 선거 후에는 당연히 수상의 인선도 초점이 되었던 것이다. 두 민족의 정신적 장벽에는 역사적으로 걸어온 길이 다르다는 사실도 작용하고 있다.

두 민족은 9세기에 대(大)모라비아 제국이라는 통일국가 아래 통합되었다가 곧바로 분열을 강요당했다. 먼저 침공한 헝가리가 10세기에 슬로바키아 지방을 억지로 분리하여 체코 지방과의 분열 상태가 금세기까지 계속되었다. 봉건국가로서 독립한 체코 지방은 신성로마제국에 황제를 파견하는 등 보헤미아 왕국으로서 번영을 누리다가 1620년부터 금세기까지 오스트리아의 지배 아래 들어갔다.

그 결과 체코 지방은 독일·오스트리아 등 서유럽과의 관계가 깊고 공업이나 문화 면에서 일정한 발전을 이룬 데 대하여, 슬로바키아 지방은 헝가리와 함께 농업경제에 기반을 둔 보수적인 사회에 안주하여 버렸다.

체코인들 사이에서는 음악가 드보르작이나 스메타나, 영화에서도 〈뻐꾸기 둥지 위로 날아간 새〉나 〈아마데우스〉로 아카데미상을 수상한 밀로스 포먼 등이 배출되었다. 체코인은 자기 나라를 '중부 유럽의 나라'로 간주하고 프라하를 '유럽의 중심'이라고 생각한다. 프라하에는 유럽을 인체로, 프라하를 그 심장으로 묘사한 오래된 지도가 있다.

한편 슬로바키아인의 작품은 민화나 민요라는 민속적인 평가밖에 얻지 못하고 있다. 슬로바키아인을 '카르파티아

 '두 개의 나라, 하나의 군'이었지만, 군대도 분열했다. 그 분열은 1992년 11월부터 시작되었으며, 1994년에 모든 작업이 완료되었다.
 전체 병력 14만은 체코군 9만 3천과 슬로바키아군 4만 7천으로 되어 있는데, 체코군에 있는 슬로바키아 출신 병사, 슬로바키아군에 있는 체코 출신 병사는 당분간 잔류한다. 전투기·전차 등 병기는 인구 비율에 따라 2 대 1로 나누고 군사시설은 현재 존재하는 측의 자산이 된다. 비행장이나 방공망은 공용으로 하고 사용료를 지불하는 등 빌로드 협력이 계속되고 있다.

산맥의 오지에서 쥐 죽은 듯이 살아가고 있는 산 사람'이
라고 부르는 사람도 있을 정도다.

제1차 세계대전의 혼란과 국경의 변동을 거친 1918년, 체코와 슬로바키아는 약 1천 년만에 통합·독립을 달성했지만, 두 민족 사이에는 여러 가지 장벽이 남아 있었다. 독립 직후인 1921년의 공식 인구통계에는 '체코슬로바키아인 876만'이라고 기재되어 있고 체코인과 슬로바키아인을 구별한 인구통계는 보이지 않는다.

이것은 두 민족의 통일 정체성을 강화하기 위한 '체코슬로바키아주의'에 입각한 것이지만, 이러한 방식에 대해서 '체코인에 의한 병합'이라는 피차별 의식을 뿌리 깊이 갖고 있던 슬로바키아인은 반발하였다. 제2차 세계대전 중 슬로바키아 민족주의자가 나치스 독일에 협력했던 것도 그들의 반체코 감정에 따른 것이었음은 명백하다.

슬로바키아 지방의 공적인 제도들은 대부분 체코인의 지도 아래 만들어졌는데, 그것도 통합의식보다는 분열의식을 양성했던 것 같다. 1969년에 체코 공화국과 슬로바키아 공화국으로 이루어진 연방제로 이행한 사실은 철의 공산체제 아래서도 두 민족의 장벽을 극복할 수 없었다는 것을 말해 준다.

제2차 세계대전 후 소련에 가깝다는 이유로 슬로바키아 지방에 군수산업의 중심이 자리잡았는데, 냉전 붕괴 후에는 내수 전환이 곤란하여 실업률이 10%로 체코 지방의 두 배에 달하였고, 슬로바키아인의 불평등감을 더욱 증폭시키는 결과가 되었다.

1989년의 무혈 '빌로드 혁명'에 따른 민주화로 두 민족의 대립성이 제도화되어, 1990년에 국명을 '체코 및 슬로바키아 연방공화국'으로 하고 공화국의 권한 강화 등을 실현했다.

 성급한 분리독립론이 미약하긴 해도 나타나고 있었지만, 슬로바키아인들 대다수는 자신들의 경제적 자립의 기반이 취약함을 잘 알고 있었다. 그러나 1992년의 총선거 결과 슬로바키아 의회에서는 완만한 경제개혁과 주권확보를 요구하는 세력이 승리하여 연방 유지에 치명적인 타격을 주고 말았다.

 분열 일정이 진행됨에 따라 슬로바키아에서 체코로 이주자가 늘어났었다는 사실은 슬로바키아 민족의 생활에 대한 불안을 여실히 말해 준다.

 1993년 원단을 기하여 마침내 독립한 체코 공화국과 독립한 슬로바키아 공화국이 탄생했는데, 두 나라는 이후에도 협력관계를 유지할 것을 약속했다. 두 민족은 유혈 충돌의 경험이 없고 구유고슬라비아와는 달리 이번의 대분열도 빌로드와 같이 매끄럽게 실현되었기에, 불안하기는 하지만 그래도 홀가분한 느낌을 감출 수 없다.

'미국인'이라는 허구

 1992년의 로스엔젤레스 폭동에 관한 가장 자극적인 논평으로서 캘리포니아 대학의 레온 리트바크 교수(미국사 전공)는 '미국인이 진짜 미국인이 되려면 아직 멀었다'라고 말했다. 미국인의 기본적인 자질인 '공정'이 실현되지 않았다는 의미일 것이다.
 원주민인 인디오를 제외하면 모든 미국인은 외부에서 들어온 이민이며, 이민 가운데 일부 아프리카계 미국인(흑인)을 제외하면, 모두 원해서 이주해 온 사람들이다. 인종의 차이에 관계없이 어떤 민족이라도 간단한 사무적인 절차만 마치면 미국인이 되었다.
 미국인이란 어차피 원래의 민족성을 버리고 새로운 민족을 형성했기 때문에 아무래도 인공성과 허구성을 동반하고 있다. 민족으로서의 취약함을 보강하기 위하여 성조기와 헌법에 대한 충성과 영어의 사용이 기대되고, 공정한 경쟁에 의한 상승이 용납되고 있지만 그런 가운데서도 '공정'은 여전히 흔들리고 있다.
 이민의 정착 패턴에는 명확한 차이가 있다. 첫 번째가

조지 워싱턴의 동화론(同化論)인데, 그가 '이민이 출신지의 풍속이나 습관, 언어에 집착하는 것은 문제'라고 말한 진의는 독립 초기의 주류 이민인 앵글로색슨 문화로 동화하라는 권고였다. 모든 이민 문화가 평등하게 취급되는 것이 아니라 선별이 요청되었던 것이다.

다음으로 18세기 후반 이민의 출신 민족이 다양해짐에 따라 도가니론이 제창되었다. 도가니에 여러 가지 야채(민족)을 넣어서 푹 삶으면, 원형을 구별할 수 없는 야채 스프(아메리카 민족)로 융화된다는 일종의 이상론이다.

그러나 현실에서는 융화보다는 다양성이 남아 있고, 앵글로색슨적인 가치관과 생활양식을 실현하는 것이야말로 바로 아메리칸 드림이라는 인식이 여전히 남아 있다. 물론 앵글로색슨은 그러한 목표 달성을 향한 경쟁 에너지가 국가와 사회를 약진시켰다고 주장할 것이다.

제2차 세계대전 후 이번에는 셀러드 볼 이론이 등장한다. 셀러드 볼 속에서 각각의 야채가 원형과 색을 유지하고 있으면서도 전체적으로는 조화를 이루는 셀러드(아메리카 민족)가 된다는 것이다. 이것은 평등하고 다양한 문화의 공존이라는 문화다원주의 사상에 입각한 것이다.

오늘날에는 앵글로색슨으로의 동화를 비롯하여 도가니화와 셀러드 볼화의 모든 흐름이 동시에 존재한다. 1980년대의 백인 인구비율의 하락과 백인의 반격 그리고 경제 격차의 확대 등을 보면, 도가니화는 거의 벽에 부딪혔으며 셀러드 볼의 조화도 분명히 무산되고 있다고 할 수 있다.

문제는 뿌리 깊은 인종 차별이라고 지적되기도 하지만

또 한편으로는 계급 차별이야말로 진짜 문제라고 말하기도 한다. 어쩌면 인종 차별과 계급 차별이 상승효과를 이루어 인종 간의 균열과 계급 격차를 한층 확대하고 '공정'의 실현을 방해하여 '참된 미국인의 완성'을 지연시키는 결과가 되었는지도 모른다.

백인은 소수 민족이 될지도 모른다는 공포와 불안 때문에 공세 방어로 돌아서고, 극빈층인 흑인과 히스패닉은 백인을 적대시하면서 밑바닥에서 탈출하기 위해 서로 경쟁하고 있으며, 인구에서는 소수이지만 아시아계는 경제력으로 다른 민족을 위협하고 있다. 모든 인종 집단이 불안에 떨고 있는 것이다.

백인을 악역으로 그린 흑인 주연 영화〈할렘 나이트〉(1989년)나 흑인과 히스패닉이 정의의 편에 선 영화〈Q & A〉(1990년)의 성공은 새로운 사회 상황의 도래를 반영하는 거울이라고도 할 수 있을 것이다.

그리고 일부 히스패닉 사회에서는 영어 교육을 거부하고 있고, 흑인 사회에서는 자신들을 '아프리카의 위대한 왕의 자손'이라고 강조하면서 백인 문명의 아프리카 기원설을 가르치는 등 아프리카 민족 독자의 우수성에 대한 자각을 촉구하기 시작했다. 이것은 '미국성'의 경시이며 '미국인이 된다'라는 목표의 방기라고도 해석할 수 있다.

≪미국의 해체≫(1991년)를 쓴 아서 슐레진저 교수는 '이러한 미국의 거부야말로 미국의 해체와 미국인의 종언일 뿐이다'라고 경고했다. 미국에서는 인종 분쟁이라고 하지만, 이것은 바로 민족 분쟁이며, 경제적 곤란이 민족적

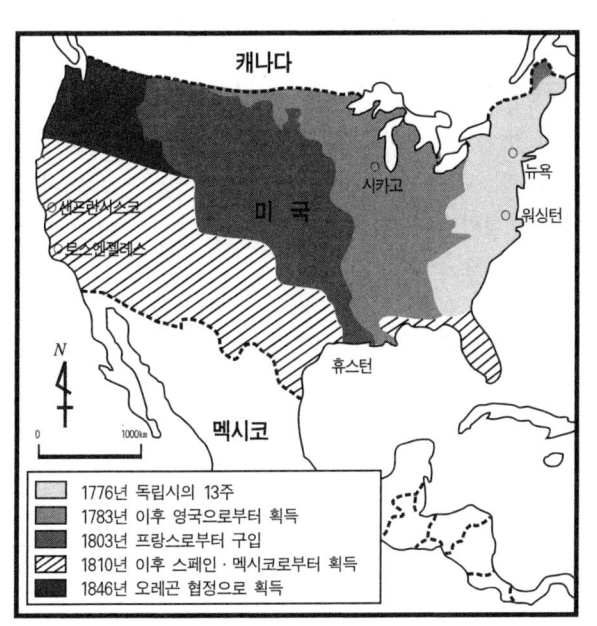

　미국의 인구조사는 10년마다 한다. 최근의 조사(1990년) 결과에 의하면, 전번의 인구조사 때와 비교하여 10년간 민족·인종별 증가율은 백인 4%, 아시아계 107.8%, 히스패닉 53%, 흑인 13.2%, 원주민족 37.9%이다. 유색인의 증가율이 특히 높다.

　빠르면 2025년까지 늦어도 2056년까지는 백인이 전체 미국인의 과반수 이하로 감소할 것으로 추정된다. 이러한 전망에 의해서 초조해진 백인이 유색인과의 융화를 더욱 도모할 것인가, 아니면 기득권의 확보를 위하여 유색인을 억제하려고 덤벼들 것인가 주목되고 있다.

대립을 부채질한다는 점에서 구소련이나 동유럽의 민족 분쟁과 공통점을 가지고 있다.

민족성의 고양으로 '유고슬라비아인'이나 '소련 인민'과 같은 허구는 붕괴되었다. 미국의 실체는 '공화국 연방'에 가까울지 모르나 민족 분포는 모자이크식으로 되어 있어 이보다 훨씬 복잡하다. 다채로운 움직임 속에서 미국인의 허구성이 부각되고 있는 것이다.

중국의 압도적인 다수파 '한족'이란 누구인가

10억 이상이라는 세계 최대의 인구와 56개 민족으로 구성된 중국의 국가적인 구조 변화야말로 21세기를 눈앞에 둔 세계사에 거대한 긴장감을 던져 주고 있다.

중국어 문헌에 '민족'이라는 용어가 최초로 등장한 것은 1899년으로, 마침내 다민족 국가의 개념이 생겼는데, 그 이전에는 군웅이 할거하는 광대한 대지에 국가라는 전체 개념을 그려넣기가 곤란했을 것이다.

최대 민족은 전체 인구의 92%를 차지하는 한족(漢族)으로, 다른 민족들은 소수 민족이라고 불린다. 따라서 중국인이란 한족과 소수 민족을 총칭하는 것이며, 한족이 압도적이기 때문에 중국인·중국어·중국요리·중국민요라는 호칭이 한족 그 자체와 동일시되는 경우가 많다.

공용어인 중국어도 한어를 말하는데, 한족 이외에 후이족·만족 등도 한어를 주요 언어로 사용하고 있다. 중국은 한 민족이 압도적이라는 점에서 다민족 국가인 미국이나 구소련과는 다른 국가상을 가지고 있다. 또 소수 민족이 스스로를 '소수 민족'이라고 부르는 것으로 볼 때, 그 언어 자체에도 별로 차별감이 없는 듯하다.

한족의 거주 밀도가 높은 지역은 전국토의 약 30%로, 대부분 동부 지역에 자리하고 있다. 특정 소수 민족이 집중적으로 밀집해 있는 지역에는 공산당의 지도권 용인 등을 전제로 자치가 인정되며, 부분적인 자치를 누리고 있는 지역이 전체 국토의 약 65%나 된다. 나머지 약 5%는 한족과 소수 민족, 혹은 소수 민족과 소수 민족이 혼재하는 지역이다.

부분적인 자치의 향유는 소수 민족에게 있어서 최대한의 자유이다. 소수 민족에게는 분리·독립의 권리가 없으며 그렇게 하려고도 하지 않는다. 다민족 간의 관계를 어떻게 안정시킬 것인가야말로 중국의 지배자에게는 커다란 문제였는데, 중국 공산당의 기본적인 사고방식은 모든 민족은 평등하며, 모든 민족의 문화, 언어, 종교, 전통적인 습관은 반드시 존중되어야 한다는 것이다.

국가 통합의 기초로서 다민족 국가의 개념과 문화다원주의를 명시하고는 있지만, 현실적으로 압도적인 한족의 지배는 전민족의 의식 속에서나 또한 실력에서나 부정할 수 없는 바이다. 당연히 가장 유력한 한족에게 의지하여 안정을 구하려는 움직임도 있는데, 한족 다음으로 1,600만이라는 인구를 자랑하며 나아가 경제 기반도 건전한 티완족[壯族]이 그 예이다.

다른 한편으로 한족 지배에 대한 반감도 뿌리 깊게 존재한다는 것은 동부의 중앙정권과 멀리 떨어져 있는 신장웨이우얼 자치구나 티베트 자치구에서 빈번하게 일어나는 폭

　압도적인 한족에 대해 이반하려는 움직임이 강한 티베트족과는 대조적으로 융화적인 것이 이슬람 교도인 후이족(回族)이다. 700만 이상에 달하는 후이족은 닝샤후이족 자치구를 중심으로 전국에 분포하고 있다. 이슬람교는 7세기 아랍의 여행객이 처음으로 전하였다고 한다.
　베이징의 청진사(淸眞寺)는 겉으로 보나 이름으로 보나 불교 사원인데, 내부는 아랍 문자로 가득차 있으며, 성전 코란을 낭송하는 소리가 울려퍼진다. '종교는 아편'이라는 원칙에 반하여 이슬람은 다른 소수민족들에게도 보급되어, 이슬람 교도의 총수는 1,400만 이상이며 메카 예배도 허락되고 있다.

동과 반란으로 미루어 짐작할 수 있다. 그러나 그러한 움직임이 분리·독립으로 발전할 가능성은 거의 없으며, 그것이 구소련과 다른 점일 것이다.

또한 1958년부터 시작된 대약진의 시기에는 한족에 의한 강제 동화론을 부정하고 자연 융합을 부르짖게 되었다. 거기까지는 미국의 민족사와 비슷한데, 미국과 달리 중국의 경우는 민족들 간의 조화를 지향하는 문화다원적인 샐러드 볼론이 원칙이야 어떻든 현실에서는 추진되지 않은 것은, 결국 한족이 극도로 지배적 위치에 있기 때문일 것이다.

세계에 진출한 화교를 포함하여 세계 최대의 민족이기도 한 한족이 중국에서 우세하다는 사실 뒤에는 한족 자신의 다양성이 숨어 있다. 겉으로 보아도 북부의 한족은 키가 크고 식사는 국수류 등 밀가루를 중심으로 하며 흙을 주재료로 집을 짓는데 반하여, 남부의 한족은 키가 작고 식사는 쌀 중심이며 주택은 목재를 많이 사용한다.

그 다양성은 한족의 복합민족성으로 설명된다. 황하 유역의 중원(中原)을 찾아 모여든 여러 민족들이 오랜 세월을 거치는 동안 융합하여 공통의 주체성을 구축하였으며, 전체를 다스리는 인물이 왕조를 건설했다. 하(夏)나라 시대의 사람들은 하인(夏人)이라고 불리웠고, 진(秦)나라 시대에는 진인(秦人), 한(漢)왕조 때는 한인이었다. 오늘날 한(漢)이라는 이름이 남아, 민족의 이름이 된 것이다.

세력권 확대와 주변 소수 민족의 동화가 이루어진 끝에 한어에는 베이징어[北京語]·상하이어[上海語]·광둥어

〔廣東語〕·푸젠어〔福建語〕·커지아어〔客家語〕라는 5대 방언이 생겨나, 지금은 서로 의사소통이 어려울 지경이다. 커지아어 등은 주변의 한족 방언과 완전히 다르지만, 고대 한어에서 그 원류를 찾을 수 있기 때문에 커지아도 한족으로 인정된다. 생활양식이나 관습, 문화에서도 다채로운 한족이 한족으로서 강한 동족·귀속 의식을 갖는 것은 우세 민족으로서의 과시와 편의 때문일 것이다.

다양하면서도 절대적으로 우세한 한족과 다양한 소수민족에 대체로 공통적인 것은 한자뿐이라고 한다. 이러한 중국이 때때로 국가 분열의 동요를 보이는 것은 확실하지만, 그 과정이 구소련이나 미국과 다른 길을 밟으리라는 사실 외에 달리 확실한 예측은 할 수 없다.

우편엽서

보내는 사람

주소

_____

☐☐☐—☐☐☐

우편요금
수취인 후납 부담
발송유효기간
1996.8.30~1998.8.29
마포우체국 승인
제340호

도서출판 **자작나무** 앞

서울시 마포구 용강동 494-4
전화 711-7821~2, 팩스 711-7823

1 2 1 — 0 7 0

도서출판 자작나무는 늘 독자 여러분과 함께 하고자 합니다.
이 책의 출판에 앞서서 보내주시면, 독자회원으로 모시겠습니다.
여러분의 답변은 좋은 책이 되어 다시 여러분에게 돌아가게 될 것입니다.

1. 구입하신 책
제목 (   ) 예 있는 (   ) 서점

2. 이 책을 구입하게 된 동기
- 광고를 보고 □
  - 광고를 본 매체
    - 신문이나 잡지 이름:
    - 라디오나 TV 프로 이름:
    - 기타:
- 신간안내나 서평을 보고 □
  - 신문이나 잡지 이름:
  - 라디오나 TV 프로 이름:
  - 기타:
- 서점에서 우연히 (□제목 □표지 □내용이) 눈에 띄어.
- 주위의 권유로 □ (   )로 부터 권유(선물받음).

3. 이 책을 읽고 난 느낌
- 내용이 기대만큼 □만족한다 □보통이다 □별로이다
- 책의 제목이 □칠 되었다 □그저그렇다 □나쁘다
- 표지가 □칠 되었다 □그저 그렇다 □나쁘다
- 글자 크기가 □크다 □알맞다 □작다

4. 이 책을 읽고 난 느낌을 한마디로 표현한다면?

5. 이 책의 내용 중 가장 좋았거나 나빴던 부분은?
- 좋았던 부분
- 나빴던 부분

6. 이 책의 저자나 자작나무에게 하고 싶은 말씀은?

7. 즐겨 읽는 책은 어떤 분야?
□시 □국내소설 □외국번역소설 □교양상식 □역사
□철학 □과학 □에세이 □유머 □실용 □기타

8. 구독하고 있는 신문, 잡지는?
- 신문: - 잡지:

9. 즐겨 듣는 라디오나 TV 프로그램은?
- 라디오: - TV:

10. 최근 읽은 책 중 가장 기억에 남거나 권하고 싶은 책?
- 책이름   · 출판사 이름

- 생년월일   (남 녀) · 직업
- 전화번호 (   )
- 성의 있는 답변에 고맙습니다. 저희 출판사에서 발행하는 책에 대한 신간안내나 홍보지를 보내드리겠습니다.